# Nie mehr Pech beim Denken – Das neue Mindset im Vertrieb

Jens Löser

# Nie mehr Pech beim Denken – Das neue Mindset im Vertrieb

So verwandelst du negative Glaubenssätze in positive Aktivitäten

Jens Löser
Berlin, Deutschland

ISBN 978-3-658-40994-4       ISBN 978-3-658-40995-1  (eBook)
https://doi.org/10.1007/978-3-658-40995-1

Die Deutsche Nationalbibliothek verzeichnet diese Publikation in der Deutschen Nationalbibliografie; detaillierte bibliografische Daten sind im Internet über http://dnb.d-nb.de abrufbar.

© Der/die Herausgeber bzw. der/die Autor(en), exklusiv lizenziert an Springer Fachmedien Wiesbaden GmbH, ein Teil von Springer Nature 2023
Das Werk einschließlich aller seiner Teile ist urheberrechtlich geschützt. Jede Verwertung, die nicht ausdrücklich vom Urheberrechtsgesetz zugelassen ist, bedarf der vorherigen Zustimmung des Verlags. Das gilt insbesondere für Vervielfältigungen, Bearbeitungen, Übersetzungen, Mikroverfilmungen und die Einspeicherung und Verarbeitung in elektronischen Systemen.
Die Wiedergabe von allgemein beschreibenden Bezeichnungen, Marken, Unternehmensnamen etc. in diesem Werk bedeutet nicht, dass diese frei durch jedermann benutzt werden dürfen. Die Berechtigung zur Benutzung unterliegt, auch ohne gesonderten Hinweis hierzu, den Regeln des Markenrechts. Die Rechte des jeweiligen Zeicheninhabers sind zu beachten.
Der Verlag, die Autoren und die Herausgeber gehen davon aus, dass die Angaben und Informationen in diesem Werk zum Zeitpunkt der Veröffentlichung vollständig und korrekt sind. Weder der Verlag, noch die Autoren oder die Herausgeber übernehmen, ausdrücklich oder implizit, Gewähr für den Inhalt des Werkes, etwaige Fehler oder Äußerungen. Der Verlag bleibt im Hinblick auf geografische Zuordnungen und Gebietsbezeichnungen in veröffentlichten Karten und Institutionsadressen neutral.

Planung/Lektorat: Imke Sander
Springer Gabler ist ein Imprint der eingetragenen Gesellschaft Springer Fachmedien Wiesbaden GmbH und ist ein Teil von Springer Nature.
Die Anschrift der Gesellschaft ist: Abraham-Lincoln-Str. 46, 65189 Wiesbaden, Germany

# Danksagung

Ohne einige Menschen wäre mein Leben nicht so voller Freude und Dankbarkeit. Und, was noch bedeutsamer ist: Ohne sie wäre dieses Buch nicht entstanden. Mein Dank geht an:

*Meine Frau Laura für ihre Liebe.*

*Meine Kinder Sophia, Fine & Felix dafür, dass Sie mir immer mein Herz wärmen.*

*Meine Mama dafür, dass Sie immer für mich und meine Familie da ist.*

*Meinen Bruder Thomas für die immer wieder tolle Zeit in Ahlsdorf.*

*Meine langjährige persönliche Assistentin Julia für ihren Sinn fürs Detail.*

*Frau Eckstein vom Springer Gabler Verlag für unsere inspirierenden Gespräche.*

# Inhalt

| | |
|---|---:|
| Danksagung | 5 |
| Einleitung | 12 |
| Über den Autor | 16 |
| **Mein Denken über mich** | 18 |
| 1. „Das ist nicht meine Schuld!" | 20 |
| 2. „Das mache ich morgen." | 22 |
| 3. „Das mache ich schnell selbst." | 24 |
| 4. „Ich muss positiv denken!" | 26 |
| 5. „Als Verkäufer wird man geboren." | 28 |
| 6. „Verkäufer sein ist ein Job." | 30 |
| 7. „Ich mache mir Sorgen." | 32 |
| 8. „Mir ist ein hohes Fixum wichtig." | 34 |
| 9. „Ich muss immer erreichbar sein." | 36 |
| 10. „Mein Umfeld ist nicht so wichtig." | 38 |
| 11. „Seminare sind mir zu teuer" | 40 |
| 12. „Das mache ich schon immer so." | 42 |
| 13. „Ich bin, wie ich bin!" | 44 |
| 14. „Ich muss perfekt vorbereitet sein." | 46 |
| 15. „Die Reichen bleiben immer reich, die Armen immer arm." | 48 |
| 16. „Das kann ich mir merken." | 50 |
| 17. „Von den „Alten" kann ich was lernen." | 52 |
| 18. „Kenne ich schon." | 54 |
| 19. „Ich bin nicht gut genug." | 56 |
| 20. „Ich muss mich nur mehr anstrengen." | 58 |
| 21. „Als Verkäufer muss man ein Schleimer sein." | 60 |
| 22. „Ich bin hier *ein* Verkäufer." | *62* |

| | | |
|---|---|---|
| 23. | „Ich muss verkaufen." | 64 |
| 24. | „Ich bin Berater." | 66 |
| 25. | „Ich muss an meinen Schwächen arbeiten." | 68 |
| 26. | „Nicht noch ein Verkaufstraining!" | 70 |
| 27. | „Mich muss jeder mögen." | 72 |
| 28. | „Geld ist mir nicht wichtig." | 74 |
| 29. | „Ich habe genug geleistet, ich bin zufrieden." | 76 |
| 30. | „Äußerlichkeiten sind was für Snobs" | 78 |

## Mein Denken über meine Kommunikation — 80

| | | |
|---|---|---|
| 31. | „Kommunikation kann ich!" | 82 |
| 32. | „Mein Angebot ist nicht schlecht." | 84 |
| 33. | „Kunden wollen Small Talk." | 86 |
| 34. | „Meine Kunden lieben meine Art!" | 88 |
| 35. | „Informationen verkaufen Produkte." | 90 |
| 36. | „Der andere hat angefangen." | 92 |
| 37. | „Verstehen heißt einverstanden sein." | 94 |
| 38. | „Ich habe recht." | 96 |
| 39. | „Worte sind nur Worte." | 98 |
| 40. | „Scheiß Chef/Werkstatt/Marketing/Service…!" | 100 |
| 41. | „Als Verkäufer muss ich empathisch sein." | 102 |
| 42. | „Bescheidenheit ist eine Zier." | 104 |
| 43. | „Jedes Verkaufsgespräch ist anders …" | 106 |
| 44. | Einer für alle! | 108 |
| 45. | „Als Verkäufer muss ich moralisch flexibel sein." | 110 |
| 46. | „Ich störe bestimmt." | 112 |
| 47. | „Wenn der Kunde ruft, muss ich springen." | 114 |

| | | |
|---|---|---|
| 48. | „Ich bin der Held in meinen Erzählungen." | 116 |
| 49. | „Der Kunde entscheidet, wann Schluss ist." | 118 |
| 50. | „Als Experte muss ich fließend Fachchinesisch sprechen." | 120 |
| 51. | „Wenn ich etwas nicht weiß, muss ich einfach lauter sprechen." | 122 |

**Mein Denken über das Verkaufen** _____ **124**

| | | |
|---|---|---|
| 52. | „Verkaufen ist nicht lustig." | 126 |
| 53. | „Meine Ziele sind zu hochgesteckt!" | 128 |
| 54. | „Früher war alles besser." | 130 |
| 55. | „E-Mails bringen Umsatz" | 132 |
| 56. | „Dieser eine große Kunde wird mir den Erfolg bringen!" | 134 |
| 57. | „Die kaufen alle!" | 136 |
| 58. | „Für Akquise habe ich keine Zeit." | 138 |
| 59. | „Ich bin der Gebietsbesuchstyp." | 140 |
| 60. | „Ich muss auf den perfekten Akquise-Zeitpunkt warten." | 142 |
| 61. | „Die Adressen sind schwach." | 144 |
| 62. | „Das erste Produkt verkauft der Verkäufer, das zweite der Service." | 146 |
| 63. | „Das Internet ist der Feind des Verkäufers." | 148 |
| 64. | „Akquise ist King." | 150 |
| 65. | „Ich muss Umsatz machen." | 152 |
| 66. | „Der Einkäufer mag mich/meine Firma nicht." | 154 |
| 67. | „Verkaufen ist hart." | 156 |
| 68. | „Woanders verkauft es sich leichter" | 158 |

| | | |
|---|---|---|
| 69. | „Endlich ist der Monat ist rum." | 160 |
| 70. | „Wenigstens beim Essen will ich meine Ruhe." | 162 |

## Mein Denken über mein Angebot und meine Firma  164

| | | |
|---|---|---|
| 71. | „Ich muss hinter meinem Produkt stehen!" | 166 |
| 72. | „Qualität spricht sich rum." | 168 |
| 73. | „Der Kunde muss mein Angebot erst testen …" | 170 |
| 74. | „Unsere Konkurrenz ist schlecht." | 172 |
| 75. | „Meine Branche ist anders." | 174 |
| 76. | „Mein stärkster Wettbewerber ist die Konkurrenz." | 176 |
| 77. | „Ich mach schon mal ein Angebot." | 178 |
| 78. | „Dafür bin ich nicht zuständig." | 180 |
| 79. | „Mein Büro gehört mir …" | 182 |
| 80. | „Wer den günstigsten Preis hat, verkauft." | 184 |
| 81. | „Das Produkt spricht für sich." | 186 |
| 82. | „Die in der Zentrale…" | 188 |
| 83. | „Der Ärger beginnt meist, wenn der Kunde unterschrieben hat." | 190 |

## Mein Denken über meine Kunden  192

| | | |
|---|---|---|
| 84. | „Den Kunden kenne ich." | 194 |
| 85. | „Meine Kunden sind der Markt." | 196 |
| 86. | „Meine Kunden sind zufrieden." | 198 |
| 87. | „Den Kunden kriege ich noch gedreht." | 200 |
| 88. | „Die Kunden sind nicht mehr loyal!" | 202 |
| 89. | „Der meldet sich schon." | 204 |

90. „Ich weiß, was meine Kunden wollen." _____ 206
91. „Kunden, die reklamieren, denen kann man
    nichts verkaufen." _____ 208
92. „Der Kunde kauft sowieso nicht." _____ 210
93. „Ich behandle alle Kunden gleich." _____ 212
94. „Der Kunde gehört mir." _____ 214
95. „Das ist nur ein Testkäufer." _____ 216
96. „Der Kunde ist König." _____ 218
97. „Meine Kunden sind Schrott" _____ 220
98. „Die anderen haben die Traumkunden." _____ 222
99. „It's a man's world." _____ 224
100. „Zufriedene Kunden empfehlen weiter." _____ 226

# Einleitung

Der Verkäuferberuf ist ein wunderschöner und anspruchsvoller zugleich. Wunderschön, weil ...

- du anderen hilfst, denn Verkaufen bedeutet Kundenprobleme zu lösen;
- du sofort Feedback bekommst, denn es folgt nur dein Abschluss oder die Schmach, der „Verkaufsvize" zu sein;
- du deinen Erfolg selbst in der Hand hast.

Anspruchsvoll, weil ...
- jeden Monat die Verkaufsuhren wieder auf null gestellt werden;
- dein Verkaufserfolg auch von Rahmenbedingungen abhängt, die du selbst nicht beeinflussen kannst,
- mit „kein Vertrauen", „kein Interesse", „keine Zeit", „zu teuer" usw. zahlreiche Kaufhindernisse auf deinem Weg zum Abschluss warten.

„Wie du in den Wald hineinrufst, so schallt es heraus", sagt der Volksmund. Das bedeutet, dass du, wenn du als Verkäufer wirklich erfolgreich sein willst, jeden Tag dein Bestes geben solltest. Jeder Kunde verlangt 100 Prozent Leistung in Bezug auf alles: deine Kongruenz, deine Präsenz oder die Relevanz deiner Problemlösung ... Damit du diese Leistung immer wieder abrufen kannst, solltest du dich immer wieder in einen „guten", also in einen verkaufsfördernden Zustand versetzen.

Wenn ich gefragt werde, was Top-Verkäufer von Durchschnittsverkäufern unterscheidet, dann ist das Erste und Wichtigste, was mir einfällt, dass Top-Verkäufer anders mit sich reden als der Rest der Verkaufsmannschaft. Sie sprechen auf eine Art und Weise mit sich selbst, die ihnen nützt. Und zwar nicht erst beim Kunden, sondern in der Regel schon davor.

Im Gegensatz dazu sabotieren sich viele Durchschnittsverkäufer in ihren „Selbstgesprächen". Jeder mittelmäßige Verkäufer kennt die vier Feinde im Vertrieb: Frühling, Sommer, Herbst und Winter. Für diese Verkäufer ist es immer „zu früh", „zu spät", „zu kalt" oder „zu heiß." Die Liste der Ausreden ist so lang und kreativ, dass ich, wenn die Klagegesänge angestimmt werden, gerne die „Jammer-Charts" des Vertriebs küre. Heute auf Platz fünf, letzte Woche noch auf der Drei: „Die Kunden kaufen nur den Preis ...!"

Die Intention dieses Buches ist es, dir beim Lesen über so manchen verkäuferischen Gedankengang ein Schmunzeln zu entlocken und dich dabei bemerken zu lassen, dass du mit großer Wahrscheinlichkeit auch ein Stück über dich selbst lachst. Dazu habe ich die 100 größten Denkfehler im Vertrieb aus meiner Praxis als Keynote Speaker, Trainer und Coach gesammelt. Außerdem zeige ich dir alternative Gedankengänge für mehr Umsatz, die einfach in der Anwendung und dabei sofort wirksam sind. Denn jedes neue Verhalten beginnt mit einem neuen Denken.

Das Denken und Handeln erfolgreicher Verkäufer ist von Optimismus geprägt. Sie handeln in jeder Situation so optimistisch wie möglich. Dazu gehört z.B., neue Kunden beherzt anzusprechen oder nach Misserfolgen unbeirrt weiterzumachen. Sieger denken und handeln so, weil sie an sich selbst, an ihr Angebot und an ihren Erfolg glauben. Sie fragen sich bei einem Rückschlag nie „Warum passiert mir das immer?", sondern sie überlegen stattdessen „Wie kann ich es beim nächsten Mal anders, besser machen?" Der Unterschied ist gewaltig! Die erste Frage blockiert, die zweite Frage aktiviert!

Die folgenden Ausführungen basieren auf meinem Impulsvortrag „Die 5 Okays der Top-Verkäufer" und lehnen sich an die fünf Grundannahmen erfolgreicher Verkäufer an:

- Ich bin okay: Mein Denken über mich
- Meine Kommunikation ist okay: Mein Denken über meine Kommunikation
- Verkaufen ist okay: Mein Denken über das Verkaufen
- Mein Angebot ist okay: Mein Denken über meine Firma und mein Angebot
- Meine Kunden sind okay: Mein Denken über meine Kunden

Die eigene Einstellung (die heißt übrigens so weil man die einstellen kann!) zu erkennen und bewusst zu wählen, die Erkenntnis zu pflegen „Ich bin nicht nur das Produkt meiner Umstände, sondern zu einem großen Teil das Ergebnis meiner eigenen Entscheidungen", ist elementar wichtig für den Verkaufserfolg von Top-Verkäufern. In meinen Veranstaltungen arbeite ich gern mit Glaubenssätzen, weil sich hiermit schnell positive Veränderungen bewirken lassen. Glaubenssätze sind die kleinen und großen Annahmen, die du über deine eigene Person, über deine Kommunikation, über das Verkaufen, deine Firma und dein Angebot, dein Produkt und deine Kunden triffst. Glaubenssätze sind die verbalisierte Form deiner inneren Überzeugungen, die mit der Zeit deinen Charakter prägen.

Jeder Mensch, und damit auch jeder Verkäufer, verwendet bewusste und unbewusste Glaubenssätze, die er im Laufe seines Lebens von Eltern, Großeltern, Lehrern und der Gesellschaft mitbekommen hat. Grundsätzlich gibt es zwei verschiedene Arten von Glaubenssätzen: die, die für dich nützlich sind, dein positives Handeln unterstützen und dich im Leben weiterbringen und die anderen, die dich zurückhalten und deinen Erfolg sabotieren.

Beide Arten von Glaubenssätzen suchen nach Bestätigung und beeinflussen dein gesamtes Schicksal. Denn sie prägen den Fokus deiner Wahrnehmung, deine Aufmerksamkeit. Wenn du dich für ein neues Auto interessierst, steht dieses Auto auf einmal an jeder Ecke. Als meine Frau schwanger war, war auf einmal die ganze Stadt voller schwangerer Frauen. Wer also glaubt, ein Pechvogel zu sein, wird immer auch Bestätigung dafür finden. Wer dagegen glaubt ein Glückskind zu sein, wird in einer negativen Situation immer auch ein Fünkchen Positives finden.

Erfolg – insbesondere im Verkauf – ist meist auch von Rückschlägen begleitet. Und gerade in diesen Momenten droht die Gefahr, dass sich negative Glaubenssätze einschleichen wie ein Schatten: „Du bist nicht gut genug", „Woanders verkauft es sich sicher leichter", „Die Kunden werden immer schwieriger" etc.

Dieses Buch soll dir in solchen Momenten einen Perspektivenwechsel ermöglichen. Es soll dir helfen, zum Zeugen deiner Gedanken zu werden und sie zu überprüfen: Sind sie Erfolgsmacher oder Erfolgsverhinderer? Ist wirklich alles wahr, und musst du alles glauben, was du denkst? Und wenn du bei dir negative Glaubenssätze erkennst, dann soll dir dieses Buch alternative Denkmuster anbieten, denn das ist viel wirksamer, als die alten Glaubenssätze zu bekämpfen.

Jens Löser
derLÖSER

*Gerade keine Lust zu lesen? Impulse für besseres Verkaufen gibt's auch auf meinem YouTube Kanal. Einfach hier QR-Code scannen und ein kurzes Video zum Buch ansehen!*

# Über den Autor

**Jens Löser** – derLÖSER – ist einer der bekanntesten Keynote Speaker für innovativen Vertrieb in Deutschland. Ob neue Ansätze in der Verkaufsarbeit oder inspirierende Gedanken zum Thema Selbstverantwortung und Erfolg – jährlich begeistert er viele tausend Teilnehmer und setzt bleibende Impulse.

Jens Löser studierte Wirtschaftswissenschaften und Erwachsenenpädagogik. Bevor er sich selbstständig machte, arbeitete er viele Jahre im Vertrieb namhafter Unternehmen wie unter Coca-Cola und BMW. Aus eigener Erfahrung weiß er, dass Erfolg im Kopf beginnt – gerade im Verkauf. Sein Buch „Single sucht Frosch- So verkaufen Sie sich richtig" (2016) über die Parallelen zwischen der Akquise im Business und dem Kennenlernen eines neuen Partners im Privaten, der „Sozialakquise", ist ebenfalls bei Springer Gabler erschienen.

Kontakt:
E-mail: kontakt@jensloeser.de
Web: www.jensloeser.de,
oder einfach den QR-Code scannen:

# Mein Denken über mich

Was andere über dich denken, ist nicht so wichtig. Viel entscheidender ist, was du selbst über dich denkst. Allerdings sind wir Menschen Herdentiere, wir sehnen uns nach Sicherheit und nach Anerkennung von anderen, und so begeben wir uns in eine oft gefährliche Abhängigkeit. Denn Anerkennung gibt es leider im Verkauf oft erst sehr spät. Es kommt zum Beispiel selten vor, dass sich der Angerufene sofort während der Telefonakquise bedankt.

Deshalb ist es so immens wichtig, mit welchem Gedanken du über dich selbst und deine Rolle als Verkäufer in ein Gespräch gehst. Anstatt zu warten und zu beten, dass andere doch bitte etwas Aufmunterndes zu dir sagen, sag es einfach selbst! „I am the greatest!" hat Muhammad Ali über sich selbst gesagt. Mit solch einem Glaubenssatz machst du dich für die „Neins" im Verkauf „kugelsicher".

Und das ist im Verkauf entscheidend. Jedes Akquisetelefonat ist ein kommunikativer Überfall und provoziert im ersten Schritt oft Ablehnung. Die hat erst einmal nichts mit dir oder deinem Angebot zu tun, sondern damit, dass die meisten Menschen sich nun einmal nicht gern überfallen lassen. An deinem Mindset und deiner damit verbundenen Attraktivität entscheidet sich, ob du es schaffst, diese Ablehnung auszuhalten, zu überwinden und das Gespräch mit dir am Telefon zu „verkaufen".

© Der/die Autor(en), exklusiv lizenziert an
Springer Fachmedien Wiesbaden GmbH, ein Teil von Springer Nature 2023
J. Löser, *Nie mehr Pech beim Denken – Das neue Mindset im Vertrieb*,
https://doi.org/10.1007/978-3-658-40995-1_1

Menschen kaufen bei Menschen, und besonders gern tun sie das bei attraktiven Menschen. Was für deine verkäuferische Attraktivität maßgeblich entscheidend ist, ist nicht dein Aussehen (allein), es ist vor allem deine Ausstrahlung. Und die kannst du positiv verändern, indem du dein Denken über dich selbst in eine positive Richtung lenkst. Du kannst dich morgens im Bad „fertigmachen" oder „fertig machen" – dich also in einen förderlichen oder einen erfolgsverhindernden Zustand bringen. Du hast jeden Morgen die Wahl!

Gerade, wenn der Rückenwind der Konjunktur nicht bläst, heißt es rudern. Nur, oft erzeugt eine Krise draußen, also im Markt, auch eine Krise drinnen, im Verkauf. Dabei wird die Krise draußen von vielen mittelmäßigen Verkäufern oder auch von Führungskräften im Vertrieb sogar als bequem empfunden, weil sie dank ihr nicht verantwortlich für ihren Misserfolg sind. Um im wirtschaftlichen Abschwung einen vertrieblichen Aufschwung schaffen zu können, braucht es als erstes ein „Raus aus dieser Opferhaltung!". Dein Denken über dich selbst ist der erste Schritt dazu.

Gerade keine Lust zu lesen? Impulse für besseres Verkaufen gibt's auch auf meinem YouTube Kanal. Einfach hier QR-Code scannen und ein kurzes Video zum Kapitel „Mein Denken über mich" ansehen!

# 1.

## „Das ist nicht meine Schuld!"

Frage: „Woran scheitern die meisten Verkäufe?" Antwort: „Na, an den anderen!" – also an den Kunden, den Kollegen, dem Service, dem Marketing. Diese Klagegesänge bringen dich nie weiter. Es geht im Leben genau wie im Verkauf doch nicht um Schuld, sondern um Verantwortung. Dass du erfolgreich und glücklich bist, liegt nun einmal zuallererst in deinem eigenen Interesse und zu einem großen Teil in deiner eigenen Verantwortung.

Die Qualität deines Lebens hängt davon ab, wie du deine Umstände bewertest. Jemandem die Schuld zu geben, bedeutet, jemand anderem Macht über dich zu geben und selbst ohnmächtig zu sein: „Ich kann nichts dafür und ich kann nichts tun. Es ist ja nicht meine Schuld!" Du bist aber nicht nur das Produkt deiner Umstände, sondern du bist auch das Produkt deiner Entscheidungen. Und deine Selbstgespräche sind das Spiegelbild deiner Sichtweise auf das Thema Selbstverantwortung. Wenn du Entscheidungen triffst und beginnst, deinen Weg zu gehen, werden andere Menschen ihrer moralischen Entrüstung à la „Wenn das alle machen würden!" Luft machen. Dann denke daran: Das ist nur der Heiligenschein der Scheinheiligen. Es geht um dich, nicht um die anderen. Und übrigens: Es machen nicht alle, das machen nur ganz wenige.

Die Straße zum Erfolg ist eine Dauerbaustelle. Also fang an zu bauen und übernimm Verantwortung für dich und deine Ergebnisse – im Verkauf und im Leben!

Alternativer Glaubenssatz:

## „Das ist meine Verantwortung!"

# 2.

## „Das mache ich morgen."

„Was ich heute kann besorgen, das verschiebe ich auf morgen!" Morgen ist nur leider der einzige Tag in unserem Leben, der nie stattfinden wird. Deine Entscheidungen triffst du immer im „Jetzt". Du kannst dich nicht wirklich dazu entschließen, morgen etwas zu tun, sondern nur, es *jetzt* zu tun oder es sein zu lassen. Klar, kannst und sollst du planen, und das ergibt auch Sinn, allerdings betrifft deine Entscheidung ganz sicher nur deinen jetzigen Augenblick. Was morgen sein wird, weißt du noch nicht.

Ich erlebe leider oft, dass die dringenden Aufgaben (Betrieb) erledigt werden, weil „der Baum brennt" und die wichtigen Aufgaben (Vertrieb) deswegen auf morgen verschoben werden. Das kann auch mal passieren, keine Frage, aber als Dauerlösung für erfolgreiche Vertriebsarbeit taugt das kaum.

Willst du erfolgreich sein, dann setze dir feste Tagesziele für deine wichtigen Aufgaben – das schafft Verbindlichkeit – und reflektiere abends, was du geschafft hast oder auch nicht und woran das liegt. Diese Vorgehensweise ist ein wahrer Produktivitätsbooster. Dann ist „Eigentlich hatte ich heute viel vor, jetzt habe ich morgen viel vor" nur noch ein Kalenderspruch.

Alternativer Glaubenssatz:

## „Wichtig kommt vor dringend!"

# 3.

## „Das mache ich schnell selbst."

„Wir schicken unseren besten Mann, ich komme selbst", lautet das Arbeitsmotto vieler Verkäufer. Schnell die Unterlagen vom Kunden abholen, in die Disposition bringen, dann die Anlieferung oder die Auslieferung … irgendwas ist immer!

Und alles dauert ja nicht lang. Am Morgen scheint jeder Tag Raum für tausend Erledigungen zu bieten, und auf einmal ist es Abend. Der Tag zerrinnt dir zwischen unzähligen kleinen Dingen, die du als „Spezialist für alles" natürlich alle selbst erledigen möchtest. Denn keiner macht es ja so gut wie du – oder?

Wenn du dann noch einen Sprachfehler hast und nicht „Nein" sagen kannst oder nicht unhöflich sein möchtest und Kollegen oder Kunden hast, die darüber Bescheid wissen und dies ausnutzen, wird es wirklich schwierig für dich, deinen Tag selbstbestimmt zu gestalten.

Gibst du deinem Tag hingegen Struktur, planst vorsorglich und bist bereit, Aufgaben zu delegieren bzw. auch mal „Nein" zu sagen, dann bleibt dir im Laufe des Tages wesentlich mehr Zeit für die wirklich wichtigen Dinge im Verkauf, die dir den gewünschten Erfolg bringen.

Alternativer Glaubenssatz:

## „Fokus, Fokus, Fokus!"

# 4.

„Ich muss positiv denken!"

Positives Denken ist zwar hilfreich, aber leider nicht ausreichend, um im Vertrieb erfolgreich zu sein. Denker gibt es viele im Vertrieb. Zwangsläufig viel Umsatz machen sie nicht. Denn Denken allein ist zwar bequem, hat aber einen entscheidenden Nachteil: Es ist bedeutet das Gegenteil von Handeln und führt nicht automatisch zu Aktionen. Denken allein verführt dazu, die Hände in den Schoß zu legen, den berühmten Tee zu trinken und abzuwarten.

Natürlich kannst du eine Rose pflanzen und dir positive Vorstellungen davon machen, wie sie wächst und gedeiht. Aller Wahrscheinlichkeit nach ist es jedoch für die Rose hilfreicher, wenn sie gegossen, gedüngt, gehegt und gepflegt wird. Besser als positiv zu denken ist es, positiv zu handeln.

Gerade im Vertrieb ist die Aktivität die Mutter des Erfolgs. Viel wichtiger, als sich zum Beispiel Gedanken über das perfekte Akquise-Telefonat zu machen, ist, dass du tatsächlich zum Hörer greifst. Denn dann wirst du mit potenziellen Kunden sprechen. Zugegebenermaßen nicht perfekt, aber sie könnten trotzdem bei dir kaufen, wenn das Timing stimmt und sie gerade Bedarf an deinem Angebot haben.

Positives Denken allein genügt also nicht. Die zentrale Frage muss lauten: „Was kann ich positives tun?"

Alternativer Glaubenssatz:

## „Erst denke und dann handle ich positiv!"

# 5.

„Als Verkäufer wird man geboren."

Hinter dieser Aussage steht die Meinung, Verkaufen könne man nicht lernen. Oft gefolgt von einem schwachen „Ich kann das nicht." Und „Ich kann das nicht" wohnt ja bekanntlich in der „Ich-will-nicht!"-Straße! „Dafür habe ich kein Talent" ist in den meisten Fällen die Ausrede derer, die nicht lernen und sich nicht anstrengen wollen.

Sicher gibt es Menschen, die ein besonderes Händchen für den Verkauf haben und scheinbar mühelos Kunden begeistern können. Um ihr volles Potenzial im Verkauf auszuschöpfen, brauchen Verkäufer im besten Fall eine Kombination aus natürlicher Begabung und harter Arbeit.

Bitte nicht missverstehen: Ich bin kein Freund von pauschalen Mantras wie: „Du kannst *alles* erreichen, du musst es nur wollen." Ich bin auch nicht der Meinung, dass jeder Mensch unbedingt im *Verkauf arbeiten sollte.* Erfolg stellt sich ein, wenn Stärke und Situation zusammentreffen. Ich selbst bin beispielsweise ein viel talentierterer Mundwerker als Handwerker. Deshalb arbeite ich auch im Vertrieb und nicht im Handwerk. Aber ich jammere auch nicht darüber.

Klar, dem einen fällt das Verkaufen leichter, dem anderen schwerer. Das ist aber dasselbe, wenn man Schwimmen oder Fahrradfahren lernt. Und auch Bäcker und Chirurgen werden nicht geboren und auch in diesem Berufen ist nicht jeder ein Supertalent.

Manch einer sollte sich vielleicht besser einen anderen Job suchen, doch die meisten Verkäufer können durchaus an sich arbeiten, wenn sie wirklich wollen. Du kannst wesentlich mehr Umsatz generieren, wenn du, anstatt dich selbst fertigzumachen, Dinge zu dir sagst, die dich bei deiner Arbeit unterstützen.

Alternativer Glaubenssatz:

## „Ich rede so mit mir, dass es mir nützt. Nicht erst beim Kunden, sondern idealerweise schon davor!"

# 6.

## „Verkäufer sein ist ein Job."

„Wenn du es liebst, machst du es besser!" Wenn ich als Kunde unterwegs bin, frage ich manchmal Mitarbeiter im Verkauf oder Service, ob Sie wirklich glauben, im Dienstleistungssektor ihre Berufung zu haben.

Dienst nach Vorschrift wird niemals Spitzenleistungen im Verkauf hervorbringen. Oder, noch deutlicher gesagt: Hackfresse macht keinen Umsatz. Du kannst mit schlechter Laune eine Excel-Tabelle ausfüllen – dadurch sinkt deine Produktivität vielleicht um 20 oder 30 Prozent. Aber im Verkauf richtest du mit fehlender Motivation mehr Schaden an, als wenn du im Bett geblieben wärst.

Verkaufen ist eben mehr als ein Job. Du bist Psychologe, Entertainer, Arzt, Berater, Projektmanager und vieles mehr. Und wie du in den Wald hineinrufst, so schallt es heraus. Nicht jeder potenzielle Kunde schreit sofort: „Hurra!", wenn du ihn akquirierst. Es treten Widerstände auf, es kommen Einwände und Vorwände. Um diese zu entkräften, eine Beziehung aufzubauen und Kaufimpulse zu triggern, ist es notwendig, dass du mit maximaler Energie in die Gespräche gehst.

Frage dich doch einfach jeden Morgen, wie hoch dein Energielevel ist: 50, 80 oder 100 Prozent? Und kannst du damit deinem Gegenüber das Gefühl geben, dass er oder sie gerade die wichtigste Person in deinem Leben ist? Wenn nein, dann solltest du dich unbedingt vor dem Gespräch in die richtige Stimmung bringen. Das geht entweder von innen nach außen, über die Arbeit an deinen Glaubenssätzen, über die ich in diesem Buch schreibe. Oder zu einem gewissen Grad auch von außen nach innen, indem du zum Beispiel eine aktivere Körperhaltung einnimmst und darüber deine innere Haltung beeinflusst.

Alternativer Glaubenssatz:

## „Verkaufen ist mehr als ein Job!"

# 7.
## „Ich mache mir Sorgen."

Sorgen sind wie Nudeln – man macht sich immer zu viele davon! Besser ist es, wenn du dir Gedanken machst, wie du deine Situation verbessern kannst und in die Aktivität kommst. Sich nur Sorgen zu machen ist wie im Schaukelstuhl zu sitzen. Wir denken dann, wir bewegen uns, kommen aber nicht von der Stelle.

Aktivität ist der Schlüssel, der dich im Leben weiterbringt. Denn Aktivität führt zu kleinen Erfolgen, die dich motivieren, weiterzumachen und Schritt für Schritt das Sorgenland zu verlassen. Beginne den Morgen mit kleinen positiven Aktivitäten, wie zum Beispiel dein Bett zu machen oder mit einer kleinen Sporteinheit. Meine morgendliche Aktivität ist das Schreiben von Blogartikeln, Büchern oder Skripten für YouTube-Videos. Wenn ich das erledigt habe, bin ich stolz auf mein kleines Werk. Für mich ist es wichtig, einen Plan für meine morgendliche Aktivität zu haben, damit ich nicht in Versuchung gerate, mir passiv bei einer bis fünf Tassen Kaffee auszumalen, was heute alles schiefgehen könnte.

Übrigens sind Sorgen und Probleme gefühlt nachts noch viel größer als am Morgen. Versuche daher bloß nicht, deine Sorgen abends in Alkohol zu ertränken. Sorgen sind exzellente Schwimmer. Die Welt wird auch ohne Alkohol – aller Voraussicht nach – bei Tageslicht schon wieder um einiges besser aussehen.

Achte lieber auf ausreichend Schlaf, denn wer nachts nicht schläft, ist tags zu müde, um seine Aufgaben zu lösen.

Alternativer Glaubenssatz:

**„Ich mache mir Gedanken, wie ich meine Situation verbessern kann, und werde aktiv."**

# 8.

„Mir ist ein hohes Fixum wichtig."

Grundsätzlich ist es nachvollziehbar, dass ein Verkäufer einen Grundbetrag fix – also eine monatliche Komponente seines Einkommens fest – bekommen möchte. Das bietet eine gewisse Sicherheit. Aber welcher traurige Gedanke liegt diesem Wunsch zugrunde? Vom Fixum allein kann keiner leben, daher ist es wohl dieser: „Ich werde es vielleicht nicht schaffen, werde vielleicht nicht genug verdienen."

Was wird also die Frage nach dem Fixum im Einstellungsgespräch bei einem Verkaufsleiter auslösen? Die Erkenntnis „Hier sitzt ein Top-Performer, der vor Selbstbewusstsein strotzt"? Wohl kaum. Eher die Vermutung, dass hier ein Verkäufer sitzt, der an sich selbst zweifelt und dem das Vertrauen in die eigenen verkäuferischen Fähigkeiten fehlt. Oder noch schlimmer: ein Verkäufer, der zum Dienst nach Vorschrift antreten will und nicht bereit ist, für seinen Erfolg die notwendige Extrameile zu gehen.

Die bessere Frage im Vorstellungsgespräch lautet: „Wie viel kann ich maximal verdienen – gibt es eine obere Einkommensgrenze?" Oder auch: „Haben Sie eigentlich ein Problem damit, dass ein Verkäufer mehr verdient als der Geschäftsführer?"

Alternativer Glaubenssatz:

## „Sieger zweifeln nicht und Zweifler siegen nicht!"

# 9.

## „Ich muss immer erreichbar sein."

Viele Verkäufer schauen permanent auf ihr Handy. Es könnte ja jemand angerufen haben oder eine E-Mail im Posteingang hängen. Das stresst und lenkt von den wirklich wichtigen Aktivitäten ab. Obendrein ist es blödsinnig, denn im Vertrieb gibt es nichts Dringendes. Im Service hingegen schon. Wenn zum Beispiel eine Maschine defekt ist, erwartet dein Kunde, dass sich an der 24/7-Servicehotline jemand meldet, wenn er anruft.

Im Verkauf erwartet das kein Kunde. Dein Kunde will ja auch nicht, dass du in seinem Termin ans Telefon gehst, wenn es klingelt. Also versteht er auch, dass du (der du ja ein erfolgreicher Verkäufer bist und ein sensationelles Angebot hast, um das sich die Menschheit reißt) auch mal nicht erreichbar bist. Wenn ein Kunde woanders kauft, weil du gerade nicht ans Telefon gehst, dann ist garantiert schon vorher etwas anderes schiefgelaufen. Und dass ein Verkäufer nicht permanent an sein Telefon gehen sollte, gilt übrigens auch für die Anrufe der Verkaufsleitung.)

Was im Gegensatz zu nicht sofort angenommenen Telefonaten wirklich verkaufsverhindernd wirkt, ist eine unbesprochene Mailbox. Stell dir vor: Du rufst einen Kunden an, dieser geht aber nicht ans Telefon. Er ruft zurück und landet bei einer unpersönlichen Computerstimme, die sagt: „Das ist die Mailbox von 0175 … Hinterlassen Sie doch eine Nachricht." Was soll dein Kunde denn jetzt sagen? Er weiß ja nicht einmal mit Sicherheit, wen er gerade anruft.

Besser, du sprichst einen Text wie zum Beispiel den folgenden auf deine Mailbox: „Schön, dass Sie anrufen. Sie haben meine Nummer, also sind Sie mir wichtig. Ich helfe gerade anderen Menschen einzukaufen und verändere damit ihre Lebensläufe – und den ihrer Kinder. Innerhalb der nächsten 90 Minuten melde ich mich bei Ihnen. Bleiben Sie in der Nähe Ihres Telefons. Es lohnt sich, versprochen!" Also: Bevor du jetzt weiterliest, besprich deine Mailbox!

Und dann ersetze den Glaubenssatz „Ich muss immer erreichbar sein".

Alternativer Glaubenssatz:

# „Verknappung schafft Bedarf!"

# 10.

## „Mein Umfeld ist nicht so wichtig."

Wir alle werden von unserem Umfeld geformt. Wir passen unsere Denkweise der unseres Umfelds an. Und bist du die schlaueste Person im Raum, bist du im falschen Raum. In einem inspirierenden, motivierenden, aber auch fordernden Umfeld zu leben und zu arbeiten ist einer der größten Erfolgstreiber. Vielleicht kennst du die Aussage „Du bist der Durchschnitt der fünf Menschen, mit denen du dich am meisten umgibst." Denk mal darüber nach. Wer sind diese fünf Menschen in deinem Leben? Wie wirken sie auf dich?

Ich suche meine Freunde natürlich nicht nach ihrer vertrieblichen Intelligenz aus. Meine Freunde sind meine Freunde, weil Sie Dinge ähnlich sehen wie ich, dieselben Interessen haben, oder weil ich sie zum Beispiel schon ewig kenne. Aber ich habe auch mein berufliches Umfeld, mein Netzwerk. Das sind nicht alles meine Freunde. Da sind auch Menschen dabei, die würde ich auch nicht als Freund haben wollen. Aber wir verbringen teilweise viel Zeit miteinander. Wir haben einen gemeinsamen Nenner und inspirieren uns im Business gegenseitig. Das sind Menschen, die mich fordern, die oft unbequem sind, die mich zwingen, manches genauer anzuschauen, was ich selbst nicht sehen kann oder will. Für meine Weiterentwicklung sind sie extrem wichtig.

Was hältst du von der Idee, dir einen Mentor zu suchen? Jemanden, der schon da ist, wo du hinmöchtest? Du musst ja nicht jeden Fehler selbst machen. Und eine spätere Freundschaft ist dabei auch nicht ausgeschlossen!

Alternativer Glaubenssatz:

## „Mein Umfeld formt mich!"

# 11.

## „Seminare sind mir zu teuer"

Wissen gibt es heute kostenlos: Blogartikel, YouTube-Videos, Bücher, die verschenkt werden, und vieles mehr. Wer sagt: „Für meine Weiterbildung habe ich kein Geld" oder: „Die Firma/mein Verkaufsleiter soll in mich investieren", der hat das Prinzip von Säen und Ernten nicht verstanden, und ich empfehle hier dringend einen Urlaub auf dem Bauernhof!

Ich frage bei Veranstaltungen für Verkäufer gern: „Welches Buch übers Verkaufen liest du gerade?" oder: „Wer ist dein Lieblingsverkaufstrainer?" Meist kommt dann nicht viel. Menschen, die sich fürs Angeln interessieren, lesen Angelbücher und -zeitschriften, und Motorradfahrer lesen Literatur übers Motorradfahren. Und du als Verkäufer – wofür interessierst du dich? Vielleicht ist Lesen heutzutage auch nicht mehr so angesagt, aber YouTube-Videos funktionieren auch. Glaub mir, es lohnt sich, Zeit und Geld in deinen eigenen Erfolg zu investieren. Falls du daran null Interesse hast, bist du vielleicht im falschen Job.

Oft bekomme ich die Frage von jungen Verkäufern: „Wie soll ich mein erstes Geld investieren?" Meine Antwort lautet dann: „In dich und deine Fähigkeit zu verkaufen! Das wird dir dein Leben lang gute Dienste leisten." Denn Verkaufen heißt Menschen überzeugen und aktivieren. Und wer andere Menschen überzeugen und aktivieren kann, für den wird es immer etwas zu tun geben. Im Vertrieb oder auch anderswo.

Ach, und übrigens, wenn du selbst nicht bereit bist, in dich zu investieren, weil du nicht an dich glaubst oder du dir es nicht wert bist, weshalb sollte ein anderer das tun?

Alternativer Glaubenssatz:

## „Ich investiere in mich, weil es die Investition mit der besten Rendite ist."

# 12.

## „Das mache ich schon immer so."

Wenn ich Verkäufer frage: „Weshalb machst du das denn so?", dann kommt leider oft in einer Mischung aus Unverständnis und Abwehr die Antwort: „Wieso? Das mache ich schon immer so." Das stimmt natürlich so nicht, aber egal. Ich behaupte mit meiner Frage auch nicht, dass die Handlung falsch war.

Es ist eben einer dieser Sätze, mit denen gern jeglicher Anflug einer möglichen Veränderung sofort niedergebügelt wird. Unser Gehirn versucht in diesen Fällen, alte Muster beizubehalten, einfach weil das Gewohnte sicherer und bequemer ist.

Aber das bedeutet nicht, dass wir nicht ab und zu reflektieren können und dass es keine anderen, wirksameren Handlungsoptionen gibt. Die Welt war gestern auch noch eine andere, und die Zukunft ist eben mehr als eine Verlängerung der Vergangenheit. (Auch wenn sich das der eine oder andere anders wünscht.)

„Das mache ich schon immer so" ist nur eine Beschreibung der Situation, nichts weiter. „Das habe ich noch nie anders gemacht, aber Versuch macht klug" könnte eine sinnvolle Ergänzung dazu sein, die dir möglicherweise Umsatz bringt.

Früher haben wir auch Verträge mit der Hand ausgefüllt und per Post zum Kunden geschickt. Und heute eben nicht mehr. Heute machen wir das anders, und kaum jemand will wieder zurück und zur Post laufen oder die Verträge zum Kunden faxen. (Wer alt genug ist, weiß, wovon ich schreibe!)

„Das haben wir schon immer so gemacht" ist also eher ein Argument für das Neue und nicht dagegen.

Alternativer Glaubenssatz:

## „Ich probiere Neues aus!"

# 13.

## „Ich bin, wie ich bin!"

Oder auch: „Wenn ich das so sage oder mache, wie du Verkaufstrainer es vorschlägst, dann bin ich nicht authentisch!" Diese Schutzbehauptung kommt oft von schwachen Verkäufern, wenn es darum geht, Dinge anders zu tun. Wir bewegen uns im Verkauf im Spannungsfeld zwischen Authentizität und der Rollenerwartung des Kunden an uns Verkäufer. Authentisch zu sein bedeutet dabei nicht, sich nicht zu verändern. Authentisch sein ist kein starres Konzept.

Denk mal darüber nach: Verhältst du dich heute anders als vor zehn Jahren? Sicher ja. Warst du dann damals nicht authentisch, oder bist du es heute nicht? Wir entwickeln uns im Leben immer weiter. Wir entwickeln unsere Persönlichkeit und unser Verhaltensrepertoire und bleiben gerade dadurch authentisch.

Als Kind ist das völlig selbstverständlich für uns: Wir wollen laufen lernen. Die Idee „Ich habe das jetzt schon zehnmal probiert, ich kann das nicht, bitte tragt mich durch dieses Leben" ist uns in dieser Zeit völlig fremd. Leben ist Veränderung. Gestalte es selbst, damit die Veränderung zur Entwicklung wird. Probiere doch mal diesen Satz für dich aus: „Es fühlt sich für mich noch neu an. Und ich mag neu."

Alternativer Glaubenssatz:

## „Die Zukunft ist keine Verlängerung der Vergangenheit."

# 14.

## „Ich muss perfekt vorbereitet sein."

„Bevor ich anfange, brauche ich noch die Flyer aus dem Marketing" oder die Kalkulation aus dem Einkauf, oder, oder, oder. „Ja, wenn ich nur ... hätte!" Perfekt abwarten, statt unperfekt anfangen! So lautet der Schlachtruf der Verzagten und Unentschlossenen. Sie warten auf die perfekten Rahmenbedingungen. Aber was, wenn die nie so wirklich perfekt eintreten?

Gerade im Vertrieb gilt: Während die Schlauen beraten, stürmen die Dummen die Burg. Dabei liegt doch gerade dem Anfang der Zauber inne. Quantität vor Qualität ist meist der umsatzstärkere Ansatz. Das Motto sollte lauten: Laufen und verkaufen, statt sitzen und schwitzen.

Über die Telefonakquise beispielsweise höre ich oft: „Wenn ich wüsste, dass es funktioniert, würde ich es auch machen." Oder: „Wenn ich es perfekt kann, dann mache ich es auch." Dabei lernst du es nur durch das Tun. TUN ist ja eine Abkürzung und steht vorwärts gelesen für „Tag und Nacht" und rückwärts gelesen für „nicht unnötig trödeln"!

„Fahrrad fahren lernst du nur durch Fahrrad fahren." Das sage ich meiner vierjährigen Tochter. Und Verkäufern sage ich: „Telefonakquise lernst du durch Telefonakquise." Also: Attacke! Wer ein Telefon besitzt, will angerufen werden!

Alternativer Glaubenssatz:

## „Machen schlägt Warten."

# 15.

„Die Reichen bleiben immer reich, die Armen immer arm."

Ein Problem vieler Verkäufer stellen die ersten Menschen dar, die sie näher kennen lernen – ihre Eltern. Denn diese legen den Samen für ihre Glaubenssätze, und als Kind übernehmen sie diese ganz automatisch, ohne sie zu hinterfragen. Und leider geben viele Eltern aus ihrer eigenen resignierten Lebenseinstellung heraus ihren Kindern diesen Glaubenssatz mit auf den Weg.

Gerade der Verkauf bietet dir aber eine große Chance, Wohlstand und sozialen Aufstieg zu erringen. Ja, verkaufen zu können ist die Superkraft schlechthin! Ich kenne keinen Selfmade-Millonär der nicht verkaufen kann. Klar, es gibt auch die Optionen Popstar und Profifußballer, und ich freue mich für alle, die es auf diesem Weg geschafft haben. Glückwunsch an Shakira und Piqué! – Aber wie hoch ist die Wahrscheinlichkeit, dass das auch bei dir klappt?

Verkaufen zu lernen und Karriere im Vertrieb zu machen oder sie zumindest dort zu starten, ist eine Option, die die Allermeisten von uns haben. Also nutze deine Chance! Das Opfermantra „Du bist reich, weil ich arm bin" solltest du getrost anderen überlassen. Mit Eigenverantwortung, Mut und Disziplin hast du in dieser Gesellschaft eine große Chance auf ein Leben in Glück und Wohlstand.

Alterativer Glaubenssatz:

## „Ich schreibe meine eigene Geschichte!"

# 16.

## „Das kann ich mir merken."

Oft erscheinen Verkäufer ohne Schreibzeug zum Seminar oder machen sich im Kundentermin keine Notizen. Das hat nicht nur mit fehlender Wertschätzung und mangelndem Respekt den anderen gegenüber zu tun, es ist schlicht grob fahrlässig bis unprofessionell.

Seit 1990 arbeite ich im Verkauf – was hätte ich mir in dieser Zeit alles merken müssen! Wenn ich eine Formulierung höre, die mir gefällt, dann schreibe ich sie mir sofort auf. Auf diese Weise entsteht im Laufe der Zeit mein eigenes VerkaufsWiki mit den besten Techniken und Sätzen. Diese habe ich nach Themen geclustert, und vor wichtigen Kundenterminen lese ich mir einzelne Teile durch.

Und wenn dann beispielsweise der Einwand „Wir haben schon einen festen Lieferanten" kommt, dann habe ich ganz entspannt den passenden Spruch zur Einwandbehandlung parat: „Herr/Frau Kunde, wir wissen ja beide, dass das Leben oft keine Verlängerung der Vergangenheit ist – was halten Sie grundsätzlich davon, ab und zu das Ohr an den Markt zu legen, um Leistungen und Preise zu vergleichen?" Und eines meiner nächsten Bücher ist so ganz nebenbei entstanden: „Die besten Sprüche, Witze und Zitate für Verkäufer!"

Alternativer Glaubenssatz:

**„Gute Idee, das schreibe ich sofort auf!"**

# 17.

## „Von den „Alten" kann ich was lernen."

Manches ja, manches nein. Zum Beispiel Neukundenakquise: Die kannst du nur sehr selten von den alten Hasen lernen, da die meisten selbst keine aktive Akquise (mehr) machen. Die meisten „Alten" sitzen im Büro und passen auf die Möbel auf. Sie können sich gegen 80 Prozent der verkauften Einheiten nur wehren, wenn sie nicht ans Telefon gehen, keine E-Mails lesen oder das Papier aus dem Fax Gerät nehmen. Sie bearbeiten ihr Netzwerk, und das ist auch gut so. (An alle „Alten", die jetzt sagen: „Das stimmt nicht, ich bin anders, ich akquiriere auch nach … Jahren!" – Glückwunsch! Doch leider seid ihr eher die Ausnahme und nicht die Regel.)

Neue Verkäufer müssen sich ihr Netzwerk aber erst einmal aufbauen. Das heißt Kontakte knüpfen, Menschen kennen lernen und eben dorthin gehen, wo die potenziellen Kunden sind. Wenn jetzt, wie es bei der „Einarbeitung" gern gemacht wird, ein neuer Verkäufer neben einem „alten" sitzt, wird er viel über das Kopieren und Faxen lernen, aber wenig über die für ihn sehr wichtige Akquise.

Viele Unternehmen jammern, es gebe zu wenige gute Verkäufer. Aber eine standardisierte Arbeitsweise im Vertrieb und einen systematischen Einarbeitungsprozess haben die wenigsten. Wenn dein Unternehmen hier nicht ausreichend für und in seine Mitarbeiter investiert, ist es vielleicht an der Zeit, über einen Wechsel nachzudenken.

Was du selbst in der Hand hast, ist, dein eigenes System aufzubauen und dir die besten Verkäufer in deinem Unternehmen als Vorbild zu nehmen. Schau sie dir an und finde heraus, was sie anders und besser machen als der Durchschnitt. Probiere es für dich aus und adaptiere das, was zu deinem System und deinem Verkaufsstil passt. Der Dreischritt für erfolgreichen Systemvertrieb lautet: Analysieren, systematisieren, skalieren!

Alternativer Glaubenssatz:

## „Am meisten lerne ich von den Besten."

# 18.

## „Kenne ich schon."

In Veranstaltungen erlebe ich immer wieder Verkäufer, die mit einer selbstgefälligen „Das-weiß-ich-schon-alles!"-(„Mache-ich-aber-nicht!")-Haltung Angebote für mehr Umsatz ablehnen. Sie verwechseln einfach „kennen" mit „können" oder „Information mit Transformation". Außerdem gibt es neue Themen wie Social Selling mit Instagram oder LinkedIn, Online-Präsentationen mit Teams und Zoom oder Verkaufen aus dem Homeoffice – alles Themen, die es vor einiger Zeit so noch nicht gab. Da ist selbst „kennen" schwierig.

„Kennen" ist nun mal nicht „machen". Wenn ich zum Beispiel sage: „Es gibt eine super Methode zur Neukundengewinnung, gerade wenn du eher der Kümmerer bist als der Akquisiteur: Empfehlungen. Nutze doch die Freude deiner Kunden über deinen Einsatz nicht nur im Verkauf, sondern auch in der anschließenden Betreuung aus und frag sie nach Empfehlungen. Das Prinzip lautet: ‚Gleiche kennen Gleiche'. Menschen bewegen sich immer in denselben Kreisen. Nutze das für dich aus!"

Dann ist die Reaktion oft nicht: „Da hat er Recht, das habe ich früher auch mehr gemacht, aber das ist ein wenig eingeschlafen. Gut, dass ich wieder daran erinnert werde!" Sondern: „Empfehlungsmanagement, alter Hut, das kenn ich schon!"

Wenn wir alle das anwenden würden, was wir kennen, dann wären wir alle Millionäre mit Sixpack! Kennen allein reicht eben nicht. Die Zauberwörter heißen können und machen.

Alternativer Glaubenssatz:

## „Machen ist wie Kennen, nur krasser."

# 19.

## „Ich bin nicht gut genug."

Vor allem bei weiblichen Verkäufern, aber natürlich auch bei männlichen, erlebe ich öfters Selbstzweifel. Schade, denn verinnerlichte Glaubenssätze wie „Du gehörst nicht in die erste Reihe!" oder „Halte dich zurück!" rauben ihnen viele Chancen. Besonders traurig wird das Ganze, wenn ich erlebe, dass diese Verkäufer auch ihre Stärken haben. Zum Beispiel besser zuhören können als ihre Kollegen. Was hier fehlt, ist Selbstbewusstheit über die eigenen Fähigkeiten und der Drang nach Selbstbestätigung.

Disziplin bzw. Durchsetzungsstärke und Empathie bzw. soziale Intelligenz sind die zwei Seiten einer Medaille, die eine erfolgreiche Verkäuferpersönlichkeit ausmachen. Die meisten haben eine starke und eine schwächere Seite, aber sich deshalb einzureden „Ich bin nicht gut genug!" hilft niemandem.

Dabei gilt doch: Rede so mit dir, dass es dich stärker macht. Mach dir selbst klar, dass du dich entwickeln und jeden Tag besser werden kannst. Und wenn mal etwas schiefgeht, vergiss nicht: Wer lernt, hat nicht verloren.

Alternativer Glaubenssatz:

**„Ich arbeite daran, die beste Version meiner selbst zu werden."**

# 20.

## „Ich muss mich nur mehr anstrengen."

Die erste Problemlösungsstrategie der meisten Menschen ist leider „mehr vom Gleichen". Auch dann, wenn das, was sie tun, vielleicht gerade die Ursache für den ausbleibenden Erfolg ist. Mehr davon wird dann bestimmt nicht zu mehr Erfolg führen.

Motivation lässt uns anfangen, Disziplin lässt uns durchhalten – auch wenn das manchmal kräftezehrend und anstrengend ist. Natürlich ist Disziplin eine der Grundtugenden im Verkauf. Doch meiner Ansicht nach arbeiten zu viele Verkäufer einfach vor sich hin, immer dasselbe, tagein, tagaus, ohne ausreichende Reflexion.

Dabei ist die effektivere Strategie oft smarter, statt härter zu arbeiten. Sich mal aus dem Alltag zurückzuziehen und zu reflektieren, womit man so den Tag verbringt, was besonders Erfolgreiche anders machen oder einfach sich darüber klar zu werden, was man selber möchte – das machen leider viel zu wenige Verkäufer.

„Du musst dich nur mehr anstrengen" ist ein gutgemeinter Rat. Aber ein Satz mit „muss" und „anstrengen" klingt doch schon von vornherein demotivierend, oder? Probiere doch mal einen Satz mit „darf", „sofort" und „leicht" aus. Wie wäre es mit: „Ich darf mich jeden Tag verbessern, damit Verkaufen für mich sofort immer einfacher und leichter wird!"

Alternativer Glaubenssatz:

## „Ich arbeite erst smarter, dann härter."

# 21.

# „Als Verkäufer muss man ein Schleimer sein."

Wie definierst du denn Schleimer? Ist jemand, der andere mit Anstand und Respekt behandelt, ein Schleimer? Oder eher jemand, der sich aalglatt anbiedert und Menschen das erzählt, wovon er denkt, dass diese es hören wollen, um sich zum eigenen Vorteil bei ihnen beliebt zu machen?

Ich mag Menschen. Und ja, ich bin grundsätzlich erst einmal freundlich. Ich lächle Menschen auf der Straße an, halte die Tür auf usw. So bin ich nun einmal. Und ja, mein Verhalten kann auf andere verstörend wirken. Bin ich deshalb ein „Schleimer"?

Ich glaube, wenn du nur freundlich zu denen bist, die dir einen Vorteil bringen, dann ist deine Freundlichkeit aufgesetzt und du schleimst tatsächlich rum. Mein Credo lautet deshalb: „Dein Charakter zeigt sich darin, wie du Menschen behandelst, die nichts für dich tun können."

Top-Verkäufer sind nie Schleimer, sondern eher Menschenfreunde mit Profil, die versuchen, eine persönliche Beziehung zu ihren Mitmenschen herzustellen. Sonst würden Sie auch keinen Eindruck hinterlassen. Dazu zeigen Sie echtes Interesse an ihrem Gegenüber und mögen Menschen und den Umgang mit ihnen.

Wie ist es bei dir, magst du Menschen?

Alternativer Glaubenssatz:

## „Ich mag Menschen."

# 22.

## „Ich bin hier *ein* Verkäufer."

Und einer ist eben leider einer von vielen. Die allermeisten Verkäufer verlieren mehr Umsatz an ihre eigene Unsichtbarkeit im Markt als an den Wettbewerb. Als Kunden kaufen wir von Verkäufern, die wir kennen, mögen und denen wir vertrauen. Damit ein Kunde bei dir kaufen kann, muss er dich also zunächst einmal kennen!

Und wenn viele potenzielle Kunden dich und dein Angebot kennen, dann machst du keine Akquise mehr, sondern du bearbeitest Anfragen. Du verkaufst nicht, du wirst gekauft! Schon Hannibal Lecter wusste: „Wir begehren, was wir sehen." Und trotzdem gehen so wenige Verkäufer den Weg in die Sichtbarkeit. Dabei ist das gar nicht so schwer, weil viele Branchen so übersichtlich sind wie Familien. Man kennt sich von Messen, Verbandstagungen und vielen weiteren Begegnungen.

Gerade wenn Produkte immer vergleichbarer werden, wird dein „Branding", deine Marke, immer bedeutsamer. Also beantworte dir die Fragen: Wofür stehst du? Was macht dich einzigartig? Weshalb sollten Kunden bei dir kaufen? Daraus entwickelst du deine empfehlenswerte Verkäufermarke. Und dann: Arbeite daran, online wie offline sichtbar zu werden.

Alternativer Glaubenssatz:

## „Ich bin ein besonderer Verkäufer – ich bin der Verkäufer."

# 23.

## „Ich muss verkaufen."

Nein, musst du nicht. Es gibt auch andere Jobs. Und wenn Verkaufen für dich Klinken putzen und Buckel machen bedeutet, schon gar nicht. Die meisten Verkäufer wurden nicht mit vorgehaltener Waffe dazu gezwungen, sondern sie haben sich freiwillig für eine Arbeit im Verkauf beworben und freiwillig ihren Arbeitsvertrag unterschrieben. Der Deal lautet 100% Lohn für 100% Leistung!

Und von außen sieht ja auch erst einmal alles nice aus: freie Zeiteinteilung, fast unbegrenzte Einkommensmöglichkeiten, Dienstwagen zur privaten Nutzung, schicke Klamotten ... Einmal eingecheckt, treten dann leider auch die weniger amüsanten Aspekte zutage: hoher Zeiteinsatz, Verkaufsdruck, Absagen von Kunden ... Und das führt dann leider oft zu „Ich muss"-Gedanken.

Wenn solche Gedanken auftauchen, versuche es mal mit einem Perspektivenwechsel: Du musst nicht verkaufen, du hilfst beim Einkaufen. Du kommst ja auch nicht ins Büro und sagst: „Schau mal, was mir gestern für eine Jacke verkauft wurde!" Stattdessen sagst du: „... was ich mir für eine Jacke gekauft habe!"

Alternativer Glaubenssatz:

## „Ich will Menschen beim Einkauf helfen."

# 24.

## „Ich bin Berater."

Viele Verkäufer sehen sich eher als Berater, weil Verkaufen für sie einen schlechten Ruf hat. Verkaufen bedeutet doch, Probleme zu lösen. Beraten ist der Weg und Verkaufen ist das Ziel. Was nützt dem Kunden die Beratung, wenn er am Ende zwar den Mehrwert deines Produkts erfährt, ihn aber nicht nutzt?

Manche Unternehmen gehen soweit, dass sie die kreativsten Wortschöpfungen auf die Visitenkarten drucken, um das böse „V-Wort" zu vermeiden: Gebietsrepräsentant, Fachberater … oder auf Englisch: „Business Developer", „Sales Representative", „Customer Acquisition Specialist" und dergleichen mehr – das klingt wenigstens cool.

Aber wie willst du als Verkäufer mit diesem „„Ich will Ihnen nichts verkaufen!"-Berater-Mindset im Kopf – der ausgesprochenen Bankrotterklärung deines Selbstbildes – zum Kunden fahren und dort nicht nur beraten, sondern ein Kauferlebnis mit höchster Begegnungsqualität kreieren? Dort passiert dann doch in etwa Folgendes:

- Du setzt dich selbst unter Druck, weil du diesen „fatalen" Verkäufer-Eindruck vermeiden willst.
- Dadurch entfernst du dich mental vom Verkäufer-Sein und somit vom Verkaufen selbst.
- Als nächstes rutschst du in die Berater-Schiene und sprichst auch so verklausuliert und weichgespült, weil du ja bloß nicht mit dem Verkäufer und seinem schlechten Image in Verbindung gebracht werden willst.
- Gleichzeitig redest du dir mit der Anti-Verkäufer-Haltung ein, dass du vom Kunden etwas verlangst und ihn damit nervst – jetzt bist du auch noch Bittsteller!

Die fachliche Leistung wird hier oft höher geschätzt als die verkäuferische. Damit entzieht man sich bequem der Verantwortung für den Verkaufserfolg. Motto: Beratung war top, und wenn der Kunde trotzdem nicht gekauft hat, dann lag es nicht an mir!

Alternativer Glaubenssatz:

## „Ich bin Verkäufer und das ist auch gut so."

# 25.

## „Ich muss an meinen Schwächen arbeiten."

Es gibt kaum eine Erfolgsstrategie, die so ineffektiv ist, wie an seinen Schwächen zu arbeiten. Und ganz ehrlich, Spaß macht es auch nicht. Klar, eine Pflanze benötigt Licht, Kohlenstoff, Wasser und Nährstoffe zum Wachsen, und der Faktor, der am knappsten ist, bestimmt das Wachstum der Pflanze. Bei Verkäufern ist das nicht viel anders. Wenn du zum Beispiel stark in der Verkaufsgesprächsführung bist, aber ein „Abwicklungschaot", dann wird dir das früher oder später auf die Füße fallen.

Der effektivere Ansatz, als an deinen Schwächen zu arbeiten, ist, deine Stärken zu stärken und deine Schwächen zu organisieren – oder die damit verbundenen Aufgaben zu delegieren. Wenn das nicht möglich ist, mach dir die Folgen deiner Schwächen bewusst, definiere Mindeststandards und Prozesse, lasse dich im Thema coachen. Im oben genannten Beispiel könnte das bedeuten, mit jemanden aus der Auftragsbearbeitung einen festen Termin zur Kontrolle und Reflexion zu vereinbaren.

Leider fragen sich viel zu wenige Verkäufer, was ihre Stärken und was ihre Schwächen sind. Und so arbeiten sie dann ohne Plan mal an diesem und mal an einem anderen Problem. Beobachte dich, reflektiere, hol dir Feedback von deinen Kollegen und Freunden ein, sei ehrlich mit dir! Wo liegen deine Stärken und Schwächen?

Alternativer Glaubenssatz:

**„Stärken stärken und Schwächen schwächen."**

# 26.

## „Nicht noch ein Verkaufstraining!"

Du bist wie ein Muskel – du trainierst, oder du wirst schwächer. Verkäufern, die denken, dass sie auch ohne Training ihre Form halten können, empfehle ich, diesen Satz einmal im Sportkontext zu bewerten. Und Verkaufen ist wie ein Sport.

Kennen – können – beherrschen: das ist der Dreischritt des Lernens. Einmal im Seminar geübt, und das war's. Nie wieder angewandt, nie an den eigenen Verkaufsstil adaptiert. Das soll funktionieren? Mach dir klar: Wissen ist nicht gleich Können und Können noch lange nicht Tun.

Und die drei goldenen Schritte zum Können lauten: Üben, üben, üben.

Besser, du hältst dich an den Wahlspruch von Bruce Lee: „Ich habe keine Angst vor demjenigen, der einmal tausend verschiedene Kicks geübt hat, aber vor dem, der einen Kick tausendmal geübt hat." Für dich als Verkäufer heißt das zum Beispiel, dass du nicht fünf verschiedene Techniken der Einwandbehandlung kennen, sondern besser erst einmal eine Technik richtig beherrschen solltest!

Jeder Mensch weiß, dass Übung notwendig ist, um neue Fähigkeiten zu entwickeln und ihre Anwendung zur Gewohnheit zu machen. Nicht das, was wir wissen, macht uns erfolgreich, sondern das, was wir tun.

Alternativer Glaubenssatz:

## „Übung macht den Meister!"

# 27.

## „Mich muss jeder mögen."

Wieso eigentlich? Everybody's darling is everybody's Depp. Mal ganz unter uns: Willst du das wirklich sein? Wer allen gefallen will, gefällt sich irgendwann selbst nicht mehr. Nur eine Null hat keine Ecken und Kanten. Und gerade als Verkäufer geht es doch darum, ein Profil zu entwickeln und eine Marke zu werden. Nur so stichst du doch aus der grauen Masse heraus und erhältst Sichtbarkeit. Und ja, da kann der eine oder andere auch mal abprallen.

Es geht nicht darum, unhöflich zu sein oder ähnliches. Es geht darum, Dinge anders zu machen. Und das kann, soll und wird auch mal polarisieren. Wenn dich alle mögen, dann bist du oft keine Marke, sondern menschlicher Einheitsbrei. Meine Sprache zeichnet sich beispielsweise aus durch Klartext aus der Praxis mit Berliner Dialekt. Mögen das alle? Nein. Aber mich lieben Menschen, die Attacke in der Akquise suchen und keine passiven Bestandsbrüter züchten wollen. Also, wer den nettesten Kuschel-Keynote Speaker für Vertrieb haben möchte, der ist sicher bei mir an der falschen Adresse.

Und für dich als Verkäufer bedeutet das zum Beispiel, gegenüber den Kunden, die dich hinhalten oder ausnutzen, auch mal klare Kante zu zeigen, selbst auf die Gefahr hin, dass sie dich dann nicht mögen. Das sind dann eh die falschen – soll sich der Wettbewerb mit dieser Art von Kunden rumärgern!

Alternativer Glaubenssatz:

## „Mich muss nicht jeder mögen."

# 28.

## „Geld ist mir nicht wichtig."

Dies ist ein schwieriger Glaubenssatz, vor allem, wenn du als Verkäufer auf Provision arbeitest. Sorry, aber ich habe diesen Satz auch noch nie von erfolgreichen Verkäufern gehört. Für mich hat Geld zwei Aspekte.

Erstens ist es eine branchenübergreifende Währung für Erfolg. Die erfolgreichen Verkäufer verdienen meist mehr als die erfolglosen. Das gilt nicht nur im Verkauf, auch in anderen Lebensbereichen. Erfolgreiche Bäcker oder Steuerberater verdienen mehr als weniger erfolgreiche. Und ja, ich weiß, Erfolg hat viel mit Glück zu tun, das kann die jeder Erfolglose bestätigen!

Und zweitens ist Geld für mich geprägte Freiheit. Wenn sich mein Alltag immer um die Fragen dreht „Kann ich mir das leisten?" und „Wie komme ich über den Monat?", dann fehlt mir die Freiheit in meinen Entscheidungen. Und weißt du, was Freiheit für mich bedeutet? Ganz einfach: Optionen zu haben. Wenn ich Optionen habe, dann kann ich diese bewusst wählen. Oder eben auch nicht. Der Punkt ist: Ich kann dann, muss aber nicht.

Natürlich kannst du nicht „Geld haben" mit „glücklich sein" gleichsetzen. Nur, Aussagen wie „Hauptsache gesund" diskriminieren nicht nur alle mit Handicap, sondern sabotieren auch deinen Erfolg im Vertrieb.

Alternativer Glaubenssatz:

## „Meine Arbeit ist ihr Geld wert."

# 29.

## „Ich habe genug geleistet, ich bin zufrieden."

Ich höre in Veranstaltungen immer mal wieder Sätze wie: „Ich bin seit 23 Jahren in der Firma, unser Haus ist abbezahlt, meine Kinder sind aus dem Haus, meine Frau hat um 15 Uhr Feierabend. Wenn ich keine goldenen Löffel in der Kantine klaue, kriegt mich hier eh keiner raus. Das mit der systematischen Gebietsbearbeitung, das werde ich nicht mehr machen!"

Ich antworte dann: „Danke für Ihre offenen Worte. Wie alt sind Sie denn?" – „46." – „Und wie lang wollen Sie noch arbeiten?" - „Ca. bis Mitte 60." – „Das sind noch 20 Jahre! Ist das nicht etwas früh, um sich zurückzulehnen? Der Deal hier lautet doch 100 Prozent Lohn für 100 Prozent Leistung, oder?"

Ich frage in meinen Veranstaltungen gern die Teilnehmer: „Erzeugt Leistung Zufriedenheit oder Zufriedenheit Leistung?" Dabei bin ich immer wieder entsetzt, wie viele der Meinung sind, dass Zufriedenheit Leistung erzeugt. Sorry, das sehe ich komplett anders. Lautet das Prinzip nicht: Erst säen, dann ernten? Überlege bitte mal, wer in deinem Umfeld Grund zur Zufriedenheit hat, und wie sich das auf seine Leistung auswirkt. Oder beim Sport: Du willst erst eine Medaille und würdest danach anfangen zu trainieren? Was mich noch viel mehr schockiert, ist, dass Menschen sich durch diese Haltung in einen passiven Zustand versetzen, nur noch mit den Schultern zucken und diese "Ist mir egal"-Gleichgültigkeit ausstrahlen. Ohnmacht statt Eigenmacht! Da hat kein Kunde Bock drauf.

Alternativer Glaubenssatz:

## „Zufriedenheit erzeugt keine Leistung."

# 30.

## „Äußerlichkeiten sind was für Snobs"

Ich habe schon viele Verkäufer sagen hören: „Auf meine Beratung kommt es an, nicht auf die Klamotten oder die Sauberkeit meiner Schuhe." – Falsch! Wenn du pitchst, gibst du einen Gesamteindruck ab. Es gibt keine Einzelwertung à la „Kleidung 3 Punkte, Pitch 10 Punkte", sondern nur einen Gesamteindruck. Bei wem kauft nun der Kunde? Bei dem mit dem besten Gesamteindruck.

Also mache es dir hier nicht unnötig schwer. Dasselbe gilt branchenabhängig natürlich auch für Tattoos, Frisuren, Piercings oder was auch immer. Sei dir bewusst: Das alles hat eine Wirkung.

Selten gibt es eine zweite Chance für den ersten Eindruck. Und dein Aussehen ist wie deine zweite Visitenkarte. Die meisten Kunden erwarten von ihrem Verkäufer eine wesentlich formellere Kleidung, als sie sie selbst tragen. Natürlich solltest du dich in deiner Kleidung wohl fühlen und dein Kleidungsstil sollte deine Persönlichkeit widerspiegeln. Aber vergiss nicht:

- Kleidung verändert nicht nur, wie andere Menschen dich sehen, sondern auch, wie du dich selbst siehst und verhältst.
- Es gibt je nach Branche bestimmte Kleidung, die mit erfolgreichen Menschen und erfolgreichen Verkäufern assoziiert wird.
- Auch durch deine Accessoires und Werkzeuge (Tasche, Kugelschreiber etc.) signalisierst du gegenüber dir und deinen Gesprächspartnern Wertschätzung – oder eben nicht.

Alternativer Glaubenssatz:

## „Ich kleide mich heute so, wie ich morgen empfangen werden will."

# Mein Denken über meine Kommunikation

Der weit verbreitete Irrglaube „Der kann gut labern, der ist ein guter Verkäufer" zeugt vom Glaubenssatz: „Verkaufen ist aufschwatzen!" Aber: Verkaufen ist mehr als das. Ja, Verkaufen ist Kommunikation. Gute Kommunikation bedeutet viel mehr als nur „reden können". Gute Kommunikation ist eine offene Haltung gegenüber dem Gesprächspartner und dem Thema. Dazu gehört auch, Fragen zu stellen, zuzuhören, zu verstehen und vieles mehr.

Mittelmäßigen Verkäufern fehlt oft diese Einsicht. Sie denken: „Überzeugen ist überreden." Und so fahren sie zum Kunden und starten mit einer ausufernden „Wir sind – wir machen – wir können"- Präsentation. „Der Kunde muss doch wissen, was wir machen", heißt es dann oft. Nein, muss er (jetzt noch) nicht! Besser, du machst es wie ein Aspirin-Verkäufer: „Erst Kopfschmerzen, dann Medizin!" Verkaufen heißt ja im Kern, Kundenprobleme zu lösen. Also: Lerne das Problem deines Kunden erst einmal kennen. Motto: „Erst das Kundenproblem, dann die Anbieterlösung!"

In meiner Definition ist ein Verkaufsgespräch ein emotionaler Dialog zwischen zwei Menschen, die am Ende beide gewinnen. Gerade in unserer hochtechnologisierten Welt spielen gute Gefühle eine herausragende Rolle im Verkauf und sind der Erfolgsmacher Nummer eins. Es ist eben viel einfacher für Kunden, ein Angebot oder einen Preis abzulehnen, als eine großartige Erfahrung mit einem anderen Menschen.

Aber wer kennt sie nicht, die miese Begegnungsqualität zum Beispiel beim Betreten eines Geschäfts, à la „Sie kommen zurecht? Sie schauen nur?" Diese Ansprache lädt uns nur schwerlich zum Einkaufen ein. Oder den Schwall an Füllwörtern und Konjunktiven der „Vertretersprache" à la „Könnte ich mal die Frau Sowieso sprechen?" Unser Denken spiegelt sich eben in unserer Sprache wider.

Selbst wenn du das beste Produkt oder eine sensationelle Dienstleistung anbietest: Wenn du sie nicht überzeugend und klar verständlich kommunizierst, versteht niemand ihren Wert. Und im Ergebnis nehmen zu wenige Menschen dein Angebot an.

Kurzum: Verkaufen ist Kommunikation und Kommunikation ist mehr als gut reden. Der Schlüssel zum Verkaufserfolg ist, den Kunden durch deine Kommunikation emotional zu erreichen und eine persönliche Ebene zu schaffen. „Life is a sales talk!"

Gerade keine Lust zu lesen? Impulse für besseres Verkaufen gibt's auch auf meinem YouTube Kanal. Einfach hier QR-Code scannen und ein kurzes Video zum Kapitel „Mein Denken über meine Kommunikation" ansehen!

# 31.

## „Kommunikation kann ich!"

Das höre ich immer wieder, und jedes Mal bin ich entsetzt, wie wenig Verkäufer sich mit der Qualität ihrer Kommunikation beschäftigen. Und das, obwohl zum Beispiel die Qualität deiner Fragen maßgeblich Einfluss auf deinen Verkaufserfolg hat, weil sie das Gespräch in die richtige oder falsche Richtung lenken.
Zwei Beispiele:

- Viele Verkäufer stellen bei der Telefonakquise gerne diese Frage: „Wer ist denn für das Thema XY verantwortlich?" Und dann beißen sie sich jahrelang fest und argumentieren an den falschen Leuten herum. Mach dir bewusst: Verantwortlich können viele sein, aber es gibt in der Regel einen Entscheider. Und der heißt übrigens so, weil er entscheidet. Deshalb lautet die bessere Frage: „Wer entscheidet bei Ihnen …?" Sprich mit Hans, nicht mit Hänschen.
- Oder dem potenziellen Kunden wird nach dem Einwand „Ich habe schon einen Lieferanten" die Frage gestellt: „Wie zufrieden sind Sie denn?" Was soll er da antworten? „Ich bin maximal unzufrieden, will seit Jahren zu Ihnen wechseln, wir haben nur Ihre Telefonnummer verlegt?" Besser ist es zu fragen: „Wie lange sind Sie denn bei Ihrem Lieferanten?" – „Oh, schon seit acht Jahren. Es gibt ja jetzt innovative Konzepte für … Wann hatten Sie denn eigentlich Ihren letzten Lieferantencheck?"

Also: Reflektiere deine Gespräche und stelle bessere Fragen.
Alternativer Glaubenssatz:

## „Verbessere ich meine Kommunikation, verbessere ich mein Leben!"

# 32.

## „Mein Angebot ist nicht schlecht."

„Nicht schlecht" ist auch im Verkauf die kleine Schwester von Sch… Doch in vielen Coachings höre ich diese Formulierung von Verkäufern. Negative Formulierungen wie „nicht" kann unser Gehirn nur schwer verarbeiten. Stattdessen bleibt gerade beim öfterem Wiederholen der Rest des Satzes als Bild im Kopf hängen. In diesem Fall also: „Das Angebot ist schlecht."

Wie wäre es, wenn dich dein Partner fragt: „Wie findest du eigentlich unsere Beziehung?" und du antwortest mit: „Nicht schlecht!"? – Aua! Damit schickst du deinen Partner auf die große Sozialakquise-Tour! (Mit Sozialakquise ist das Kennenlernen eines potenziellen Liebes-Partners gemeint. Da gibt es viele Parallelen zur Akquise im Verkauf, aber das ist ein anderes Buch.)

Im Kundengespräch ist der Mechanismus der gleiche. Sätze wie: „Damit können Sie nichts falsch machen!" zeugen von schwacher Kommunikation. So funktioniert keine professionelle Nutzenargumentation, denn beim Kunden schleicht sich die gegensätzliche Überzeugung ein.

Noch ein Beispiel: Schließe deine Augen und sage „Ich bin kein schlechter Verkäufer" und achte darauf, welche Gedanken der Satz bei dir selbst auslöst. Begeisterung? Oder doch eher Entmutigung? Formuliere positiv! Sowohl in Gedanken als auch im Gespräch mit deinen Kunden.

Alterativer Glaubenssatz:

## „Mein Angebot ist spitze!"

# 33.

## „Kunden wollen Small Talk."

... sagt der Verkäufer, der sich selbst gerne reden hört. Und dann gibt es Small Talk für alle Kunden – und zwar vom Fass! Der Satz: „Behandle andere Menschen so, wie du gern behandelt werden willst" ist nicht immer richtig. Vielleicht stimmt er, wenn es um Umgangsformen geht, aber in der Kommunikation ist er definitiv falsch. Treffender ist: „Behandle andere so, wie sie behandelt werden möchten."

Nicht alle Menschen stehen auf Small Talk. Viele Kunden sind eben nicht so wie der Verkäufer. Sie wollen und brauchen einen anderen Kommunikationsstil und werden durch die „Small Talk vom Fass"-Kommunikation abgestoßen.

Verkaufsfördernder ist es oft, den Small Talk ganz zielgerichtet zu führen und zielloses Wortgeplänkel zu vermeiden. Das beschädigt sonst übrigens auch deinen Expertenstatus und setzt dich eher auf die Ebene eines Freundes. Mit deinem Arzt sprichst du auch nicht stundenlang über das Wetter, sondern willst, dass er sich deines Anliegens annimmt.

Stelle deinem Kunden zum Beispiel Fragen zum Unternehmen, zu aktuellen Themen, nach Besonderheiten, die dir aufgefallen sind, oder danach, welche Erwartungen er an das heutige Gespräch hat. Beim Online-Meeting kannst du danach fragen, wie in der Firma die Digitalisierung Einzug hält, wie vertraut dein Gegenüber mit der Technik ist oder wo es die Vorteile von Online-Meetings sieht.

Alternativer Glaubenssatz:

## „Menschen sind verschieden."

# 34.

## „Meine Kunden lieben meine Art!"

Dies ist eine Standardaussage vieler Verkäufer. Ich frage dann gern zurück: „Und deine Nichtkunden?" Die meisten Verkäufer haben Kunden, die so sind wie sie selbst. Der Grund: Sie haben nur einen einzigen Kommunikations- und Verkaufsstil. Steht der Verkäufer auf Technik und verliert sich gern in Produktfeatures, gibt es die große Technikdusche für alle, oft mit dem Ergebnis, dass er mehr ausbildet als verkauft. und der Kunde nächsten Monat bei ihm in der Firma als Kollege anfangen kann.

Als Verkäufer ist es meine Aufgabe, das Matching zwischen mir und meinem Kunden herzustellen. Deshalb macht es Sinn, sich mit Persönlichkeitsmodellen zu beschäftigen und die Kernaussage „Menschen sind verschieden" zu verinnerlichen. Und es gilt, deine Gespräche mit dem Kunden aus der Metaperspektive zu betrachten und zu reflektieren: "Was ist das für ein Mensch? Haben wir eine von gegenseitigem Respekt und Vertrauen geprägte Beziehung? Habe ich das richtige Verhältnis zwischen meiner Art zu kommunizieren und den kommunikativen Präferenzen des Kunden geschaffen?"

Um diese Reflexionsfähigkeit zu bekommen, ist es wichtig, immer Feedback von einem Dritten, zum Beispiel einem Coach, zu bekommen. Der Abgleich zwischen Selbst- und Fremdbild tut zwar manchmal weh, ist aber ein wahrer Entwicklungs-Booster!

Alternativer Glaubenssatz:

## „Ich sorge für das Matching zwischen mir und meinen Kunden."

# 35.

„Informationen verkaufen Produkte."

Manche Verkäufer denken, sie seien ein sprechender Prospektständer. Nach dem Motto: „Viel hilft viel" wird der Kunde mit einem großen Argumentationsschwall überschüttet. Gerade der Verkäufertyp der Sorte „Ich bin verliebt in meine Lösungen", also Verkäufer mit hoher Begeisterung für ihr Angebot, fragen oft zu wenig nach den Bedürfnissen der Kunden oder überhören gerne mal die Kundenwünsche. Sie rattern Produktmerkmal für Produktmerkmal herunter – als ob das achte Feature den aufmerksamkeitsmüden Kunden noch zu etwas bewegen könnte. Sie führen ein Informations- und kein Verkaufsgespräch.

Leider wird auch oft in den Schulungen der Schwerpunkt zu sehr auf Produktwissen als auf eine exzellente Kommunikationsfähigkeit gelegt. Nach dem Motto: „Die Verkäufer hatten schon mal ein Kommunikationstraining." – Ja, aber vor gefühlt hundert Jahren.

Und wenn dann die Themen für Verkaufstrainings nach dem Lustprinzip ausgewählt werden und Verkäufer gefragt werden „Willst oder brauchst du mal wieder ein Verkaufstraining?", dann nimmt das Kommunikationsdrama in der Verkaufsgesprächsführung richtig Fahrt auf. In Zukunft wird es für Verkäufer wichtiger sein, über Kundenexpertise zu verfügen als Produktexperte zu sein, und deshalb sollten Verkäufer sich mehr um ihre Frage- als um ihre Sagetechnik kümmern. Denn Fragen stellen und aktiv zuhören ist der Schmierstoff für Verkaufs- statt Informationsgespräche.

Alternativer Glaubenssatz:

## „Kommunikationsexpertise schlägt Produktexpertise."

# 36.
## „Der andere hat angefangen."

Wenn es um die Klärung von Missverständnissen geht, führt dieser Gedanke eher in eine kommunikative Sackgasse als zu einer Lösung. Im Verkaufsgespräch, insbesondere bei der Einwandbehandlung, erzeugt Druck immer Gegendruck. Die Frage, wer mit einer missverständlichen Formulierung oder uneindeutigen Betonung ein Missverständnis ausgelöst hat, spielt in der Konflikt-Eskalation am Ende keine Rolle mehr. Deshalb ist es wichtig, mit der Energie zu gehen, als gegen sie zu arbeiten.

Menschen erklären eben ihr eigenes Verhalten gerne mit der Reaktion auf das Verhalten anderer. Somit setzt sich entweder ein positiver oder negativer Kreislauf in Gang. Das bedeutet, dass du positive Gespräche laufen lassen solltest – aber bei einer negativen oder nicht zielführenden Kommunikation muss einer der Gesprächspartner den Kreislauf unterbrechen und einem Neuanfang eine Chance geben.

Im Kundengespräch geht das zum Beispiel so: „Ich versuche Sie ja schon seit zehn Minuten für unser Unternehmen zu gewinnen, meine Wahrnehmung ist, dass mir das noch nicht gelungen ist. Was habe ich denn falsch gemacht?" Die Technik nennt sich Metakommunikation und hilft, Eskalationen zu vermeiden. (Natürlich gibt es auf meinem YouTube Kanal ein Video dazu!)

Alternativer Glaubenssatz:

## „Egal, wer angefangen hat, ich sorge für ein gutes Ende."

# 37.

## „Verstehen heißt einverstanden sein."

„Das kann ich gut verstehen" ist ein Satz, der Verkäufern bei der Einwandbehandlung gern über die Lippen kommt, wenn der Kunde beispielsweise sagt: „Da muss ich drüber schlafen." Der Grund dafür ist, dass der Verkäufer selber auch ungern spontane Entscheidungen trifft, sondern eben gern drüber schläft. Frage dich hier bitte auch, weshalb nach deinem Verkaufsgespräch Kunden am helllichten Tag müde sind und sofort schlafen gehen wollen.

Umsatz macht hier allerdings der Verkäufer, der versteht, ohne einverstanden zu sein. Die Gegenfrage könnte lauten: „Hand aufs Herz, was wird morgen früh anders sein?" Im Verkauf dreht sich doch alles um die Frage: „Wer glaubt wessen Geschichte?" Und wenn ich die Kundengeschichte mit dem Schlafen glaube, war der Kunde der bessere Geschichtenerzähler.

Klar, Verkaufen ist nicht gleich Verkaufen. Nur, in abschlussorientierten Vertrieben hat der Satz „Das kann ich gut verstehen" mehr Umsatz vernichtet als alle Rezessionen zusammengenommen. Im Kunden kämpft „Ware haben wollen" gegen „Geld behalten wollen". Ob sich dieses Dilemma im Schlaf auflöst?

Außerdem gibt es Einwände, bei denen sich dieser Satz komisch anhört. Zum Beispiel beim Kundeneinwand „Das ist mir zu kompliziert." Je nach Betonung kann der Satz so verstanden werden, als ob der Kunde zu dumm wäre, um zu verstehen. Also hilf deinem Kunden, partnerschaftlich und fair seine Entscheidung zu treffen.

Alternativer Glaubenssatz:

*„Ich bin ein Kundenversteher und erzähle die bessere Geschichte."*

# 38.

## „Ich habe recht."

Eine Grundfrage im Leben ist ja: Willst du recht haben oder glücklich leben? Nachdem du dir diese Frage beantwortet hast, ist alles ganz einfach ;-). Wenn du recht haben willst, musst du normalerweise dein Gegenüber ins Unrecht setzen. Das kommt meist nicht so gut an. Ich bin immer wieder entsetzt, wie viele Verkäufer sich trotz der umsatzvernichtenden Konsequenz für „recht haben" entscheiden.

Einen Streit mit einem Kunden kannst du nicht gewinnen, selbst wenn du tatsächlich recht haben solltest. Denn der Kunde wird mit hoher Wahrscheinlichkeit nicht bei dir kaufen. Denn dadurch würde er ja sein Gesicht verlieren. Deshalb bauen erfolgreiche Verkäufer dem Kunden eine Brücke zur Erkenntnis, statt einen Graben des Rechthabens zu buddeln.

Übrigens, genauso wenig zielführend ist der Satz: „Der Kunde hat immer recht." Kunden wissen oft, was sie wollen, aber nicht, was sie brauchen. Bei Meinungsverschiedenheiten mit Kunden schlägt die Stunde des Mehrwertverkäufers, des lösungsorientierten Kundenverstehers mit Begeisterungsgarantie, nicht die des Rechthabers!

Alternativer Glaubenssatz:

**„Glücklich leben geht vor recht haben."**

# 39.

„Worte sind nur Worte."

„Ja, aber ..." ist die Einwandbehandlung des kleinen Mannes. Diese Art der Kommunikation baut Druck auf und Druck erzeugt Gegendruck. Die Lüge steht immer vor dem „aber". Ich liebe meine Frau, aber Sie nervt!" Meine Frau nervt, aber ich liebe Sie!" Viele Verkäufer sind sich der Macht der Sprache nicht bewusst. Aber Worte sind wie Zahnpaste, einmal draußen gehen Sie nicht mehr zurück. Deshalb ersetze als Instant-Lösung in deiner Kommunikation das Wort „aber" durch das Wort „und".

Vorsicht bei den Worten, die du wählst, ob privat oder als Verkäufer. Wenn du dein Gespräch zum Erfolg führen willst, dann wähle Begriffe, die bei deinen Kunden oder Kollegen mit Erfolg assoziiert werden. Umgekehrt, vermeide, wo immer es geht, Wörter und Begriffe, die an Misserfolg und Versagen erinnern. (Verwende zum Beispiel den Begriff „Investition" statt „Kosten" oder das Wort „Chance" statt „Problem".) Sonst kann schnell das eintreten, was der Psychologe die selbsterfüllende Prophezeiung nennt.

Übrigens, wenn ein Kunde zu dir „Ja, aber ..." sagt, zum Beispiel „Ihre Qualität ist spitze, aber ihre Preise auch!" gehe nur nachfragend auf den Teil vor dem „aber" ein. Die Aussage, die nach dem „aber" kommt, erst einmal einfach ignorieren.

Alternativer Glaubenssatz:

## „Sprache ist Macht."

# 40.

## „Scheiß Chef/Werkstatt/ Marketing/Service...!"

Letztens war ich in der Seminarpause mit einer Gruppe von Verkäufern gemeinsam beim Mittagessen. Dabei hörte ich mir die gesamte Zeit an: „Scheiß ...!" Als wir fertig waren, sagte ich zur Gruppe: „Wenn ich mir eure Jammergesänge so anhöre, gehe ich davon aus, dass keiner von euch heute noch irgendetwas verkauft – für mich wäre es ein großer Erfolg, wenn sich heute Nachmittag keiner von euch umbringt."

Verkäufer-Jammerzirkel gibt es wahrscheinlich schon so lange, wie es das Verkaufen an sich gibt. Viele Verkäufer gehen davon aus, dass das, was sie sich in ihren Jammerzirkeln an den Kopf werfen, nicht so wichtig ist, da es ja unter den Kollegen bleibt. Das ist aber ein großer Irrglaube, denn aus deinen Klagegesängen werden deine Handlungen.

Deine Gedanken erzeugen deine Gefühle und aus deinen Gefühlen werden deine Handlungen, die dann zu deinen Ergebnissen führen. Also achte auf deine Gedanken, sie werden zu deinem Leben. Dazu eignet sich perfekt das Workbook zum Buch. Damit kannst du 100 Tage lang deine Glaubenssätze reflektieren und dein Leben wird sich zum Positiven verändern, versprochen!

Alternativer Glaubenssatz:

## „Wir werden immer besser."

# 41.

## „Als Verkäufer muss ich empathisch sein."

Das ist nicht falsch, nur reicht Empathie leider allein auch nicht aus, weil es nur der erste Schritt zum Verkaufen ist. Empathie bedeutet ja: „Dir ist etwas Schlimmes widerfahren, und ich kann deinen Schmerz nachvollziehen und fühlen. Jetzt weinen wir beide um die Wette und beklagen alles Leid der Welt."

In deiner Rolle als Verkäufer willst du deinem Kunden ja helfen, die richtige Entscheidung zu treffen. Und helfen kannst du immer nur aus einer Position der Stärke heraus. Sonst ist es dir unmöglich, deine eigenen Ressourcen voll zu aktivieren und in die Aktion zu kommen.

Du solltest dich also nicht nur empathisch, sondern auch sozial intelligent verhalten. Das bedeutet, dass du weißt, dass du Gefühle hast, aber auch, dass du nicht deine Gefühle bist. So kannst du dich von deinen Gefühlen lösen und die Situation auf einer Metaebene erleben. Diese Distanz hilft dir, einen klaren Kopf zu behalten und deinem Kunden wirklich zu helfen.

Alternativer Glaubenssatz:

**„Wer stark ist, kann besser helfen."**

# 42.

## „Bescheidenheit ist eine Zier."

Da reißt sich der Verkäufer den Hintern für den Kunden auf und dann spielt er es herunter mit einem lapidaren „Dafür nicht." Kaum einen Satz höre ich in Verkauf und Service so oft wie diese Floskel. Warum tut ein Verkäufer das? Vielleicht weil es ihm unangenehm ist, zu einer erbrachten Dienstleistung zu stehen, oder weil er dem Kunden die Geschichten über mangelhafte Abläufe und Zuständigkeiten im Unternehmen zu berichten ersparen möchte. Oder vielleicht auch, weil die Eltern ihm „Eigenlob stinkt" eingetrichtert haben.

Du machst dich mit diesem Satz klein. Besser ist es, wenn du sagst: „Lieber Kunde, aktuell reden fünf Kollegen nicht mit mir und auf unserem Sommerfest bekomme ich ganz sicher einen Einzeltisch. Aber für dich habe ich das gern getan, und ich hoffe, bei deinem nächsten Kauf können wir uns beide noch daran erinnern." Stelle in Zukunft also nicht dein Licht unter den Scheffel. Tue Gutes und rede darüber.

Alternativer Glaubenssatz:

**„... doch weiter kommst du ohne ihr."**

## 43.

„Jedes Verkaufsgespräch ist anders ..."

"… und deshalb kann und brauche ich mich nicht vorzubereiten." Das ist kommunikativer Freestyle. Für mich sind Verkaufsgespräche wie Kuchenrezepte. Jedes ist anders, aber irgendwie ist jedes auch gleich. Bei Kuchenrezepten machst du zuerst den Teig und später kommt dieser in den Ofen. Und auch alles dazwischen hat seine Reihenfolge. Im Verkauf ist es das Gleiche: Zuerst kommt die Begrüßung und später der Abschluss. Und dazwischen hat auch hier alles seine Ordnung.

Nur wenn du die Phasen deines Verkaufsgesprächs in einem kompletten Vertriebsprozess verinnerlicht hast und diesen täglich lebst, kannst du im Gespräch die Selbsterkenntnis haben, wo du aktuell stehst und was noch zum Auftrag fehlt.

Als Verkäufer brauchst du erst ein Gesprächsskript, also eine „Landkarte" mit Start und Ziel, sonst kommt kein zielgerichteter Dialog (und das ist ein Verkaufsgespräch) zustande. Denn einer führt immer fragend das Gespräch – der Verkäufer oder der Kunde. Ich bin ein Fan davon, wenn der Verkäufer führt. Und dafür brauchen seine Gespräche Ziel und Struktur.

Wenn du das beherrschst, kannst du zum kommunikativen Freestyle wechseln und mit deiner Persönlichkeit und Deiner Sprache punkten. Wahre Stabilität ist Flexibilität.

Alternativer Glaubenssatz:

## „Erst Struktur, dann Freestyle!"

# 44.
## Einer für alle!

„Kann ich Ihnen helfen?" – Dieser eine Satz, den viele Verkäufer für alle ihre Kunden zur Begrüßung verwenden, gehört zu den Top-Umsatzvernichtern. Erfolgreiche Verkäufer wissen: Menschen, die ein Geschäft betreten, haben ein Motiv dafür, und das gilt es, als Verkäufer herauszufinden.

Auf die Begrüßungsfloskel „Kann ich Ihnen helfen?" folgt meist ein „Nein danke, ich schau mich nur um!" Lernen Kunden etwa in einer „Kundenschule" so zu antworten? Nein, es ist einfach nur die Reaktion auf einen einkaufsverhindernden Gesprächseinstieg. Nach so einem Gesprächsbeginn kannst du nur versuchen, zu retten was zu retten ist und zum Beispiel. antworten: „Jetzt, wo Sie sich umgesehen haben, was wollen Sie kaufen?"

Ich frage Verkäufer bei meinen Vorträgen gern: „Ist die Begrüßung für den Verkaufserfolg wichtig?" Die Antwort lautet immer: „Na, klar!" Weshalb sagen aber dann 90 Prozent der Verkäufer im Einzelhandel den gleichen Blödsinn zur Begrüßung? Sie sind doch keine Warenaufpasser oder Kundenverpreller!?

Mach dir klar: Es gibt nicht den einen perfekten Begrüßungssatz. Aber du kannst dich an drei Kriterien orientieren: Die Begrüßung sollte zu dir, zum Kunden und zur Situation passen. Sei einfach kreativ und probiere dich aus. Es gibt keinen Wettbewerb um die lustigste Ansprache, aber bitte verwende nicht für alle Kunden den gleichen Quark.

Alternativer Glaubenssatz:

## „Die 7 A der Ansprache: Angenehm anders als alle anderen aktiv ansprechen."

# 45.

## „Als Verkäufer muss ich moralisch flexibel sein."

Kannst du als Verkäufer ehrlich sein? Wenn zum Beispiel der Kunde fragt: „Können Sie am Preis noch etwas machen, also geht da noch was?" (Und du denkst: „Klar, die Nullen ausmalen!") Wie reagierst du dann? Erfolgreich verkaufen heißt nicht, „moralisch flexibel" zu sein und nach dem Motto „Anhauen, Umhauen, Abhauen" die Wahrheit zu verdrehen, bis allen schwindlig wird.

Ehrlichkeit im Verkauf bedeutet in meinen Augen: Alles, was du sagst, ist wahr, du musst aber nicht alles sagen, was wahr ist. Gerade heute, wo eine schlechte Kundenbewertung im Netz nur einen Klick entfernt ist, lautet das Motto: „Ehrlich währt am längsten." Früher hat ein verärgerter Kunde vielleicht fünf oder zehn anderen Menschen von seiner schlechten Erfahrung erzählt, heute erfährt es die halbe Welt. Das Angebot an Anbietern für das „Bearbeiten" von negativen Bewertungen im Internet ist riesig.

Deshalb aber bei jedem Kunden, der danach fragt, maximale Preiszugeständnisse machen? Das muss auch nicht sein. Eine gute Antwort auf die Frage danach wäre zum Beispiel: „Nein, das ist das beste Angebot, was ich Ihnen machen kann." (Die Gründe dafür musst du ja nicht automatisch detailliert erläutern.)

Alternativer Glaubenssatz:

## „Ehrlich währt am längsten."

# 46.

„Ich störe bestimmt."

Vertreter erkennt man nicht nur am Vertreterkoffer, sondern auch an ihrer Vertretersprache. Wenn bei uns in der Firma das Telefon klingelt und niemand ans Telefon geht, dann wird der Anrufer an ein Call Center weitergeleitet. Das Call Center schreibt meiner Assistentin eine E-Mail und in der Betreffzeile steht dann manchmal „Vertreteranruf". Woran die Call-Center-Mitarbeiter das erkennen? An solchen Formulierungen: „Könnten Sie mich mal bitte zu Ihrem Chef durchstellen, ich würde mich mal unverbindlich kurz vorstellen wollen." Oder: „Wann dürfte ich mich wieder melden?", Wann würde es passen?" Wenn du denkst, du störst den Angerufenen, dann kommt dabei die typische „Vertretersprache" heraus – und deine Erfolgsaussichten gehen gen null.

Vertrauen verkauft und „kein Vertrauen" ist der Ur-Einwand aller Kunden. Deshalb solltest du insbesondere gegen Ende eines Gesprächs präzise Aussagen machen. Sprich konkrete Kaufempfehlungen aus, stelle freundliche, jedoch verbindliche (Abschluss-) Fragen. Sorge dafür, dass dein Gespräch in einem für beide Seiten verbindlichen Ergebnis mündet – statt einem unverbindlichen Vertagen. Du störst nicht, du veränderst die Lebensläufe deiner Kunden!

Aber auch in der Kommunikation mit dir selbst schaden dir Konjunktive wie „würde", „hätte", „könnte". „Ich würde gern mehr verkaufen!" Neben einer starken Absicht drückt sich hier jemand auch um das „Wie". Es fehlen die konkreten Aktivitäten, mit denen dieses Ziel erreicht werden soll. Zusätzlich klingt der „Weichmacher" „gern" nicht gerade nach „Ja, ich tue es!".

Alternativer Glaubenssatz:

## „Verbindlichkeit schafft Vertrauen und Vertrauen verkauft."

# 47.

## „Wenn der Kunde ruft, muss ich springen."

Da ruft ein Kunde an und sagt „Kommen Sie doch mal vorbei", und der Verkäufer fragt aus dem Tiefstatus „Wann passt es Ihnen denn?". So wird man verplant.

Die meisten Verkäufer haben in ihrer persönlichen Arbeitsorganisation noch sehr viel Luft nach oben. Top-Verkäufer organisieren sich übrigens meist sehr gut. Es gibt natürlich auch diejenigen, die stark am Kunden und schwach in der Abwicklung sind und einen Aufräumer brauchen. Das sind in meiner Welt aber keine Top-Verkäufer.

Die Preisverhandlung beginnt übrigens schon bei der Terminvereinbarung. Verknappung schafft Bedarf! Wenn der Kunde zum Beispiel sagt: „Am Donnerstag", schaut der mäßig organisierte Verkäufer im Smartphone in den Kalender und siehe da, der Donnerstag ist noch frei. (Er hat ja auch die Woche nicht im Blick und sieht deshalb nicht, dass er am Mittwoch auch schon einen Termin in der Region hat.) Und wieder fragt der Verkäufer: „Wann passt es Ihnen denn?" – „Gegen 10 Uhr." Und der Verkäufer denkt: „Ach da lohnt es sich ja nicht, vorher in die Firma zu fahren." Und nach dem Motto „Willst du schöne Stunden, fahr zum Kunden!" wird der Termin vereinbart. So fließt die Zeit dahin.

Also triff die Wahl: Willst du deine Zeit planen oder verplant werden?

Alternativer Glaubenssatz:

## „Ich bin Zeit-Egoist."

# 48.

"Ich bin der Held in meinen Erzählungen."

„Jetzt haben wir ja die ganze Zeit über mich geredet. Kommen wir doch mal zu dir. Wie findest du mich denn?" Jeder kennt solche Gesprächspartner, ob in der Sozialakquise oder im Verkauf.

„Ich finde ...", „Ich würde ...", „Ich bin der Meinung ..." usw. „Ich", ist das Wort, das wir Verkäufer am meisten sagen. Aber was du als Verkäufer gut findest, interessiert meist nur dich selbst. Wirkungsvoller ist zum Beispiel gutes Storytelling mit der „Sie-Kommunikation". „Sie bekommen ...", „Viele Kunden ..." oder einfach Interesse am Gegenüber signalisieren, indem du Fragen stellst und zuhörst.

Klar, als Verkäufer solltest du hinter deinem Produkt stehen. Aber was du selbst findest oder gut findest, sorry, das hat nicht die ganz große Relevanz für den Kunden. Kunden kaufen, weil ihr Problem dadurch gelöst wird oder sie ihr Leben verbessern.

Besser, du erzählst eine Geschichte von einem anderen Kunden in einer ähnlichen Situation und wie begeistert dieser heute von deinem Produkt ist. Und vergiss nicht zu ergänzen, dass die Entscheidung damals nicht einfach war und er heute stolz und froh über seinen Entschluss ist.

Alternativer Glaubenssatz:

## „Ich mache den Kunden zum Helden meiner Verkaufsgeschichte."

# 49.

## „Der Kunde entscheidet, wann Schluss ist."

Viele Verkaufsgespräche werden vom Kunden und nicht vom Verkäufer beendet. Die Verkäufer bleiben aus einem falschen Dienstleistungsverständnis so lange beim Kunden sitzen, bis dieser den Termin beendet.

Aber was denkt ein Kunde, wenn ein Verkäufer das Gespräch so austrudeln lässt? Vielleicht: „Der hat ja viel Zeit oder wenig zu tun. Ob dann das Angebot wirklich so der Knaller ist?"

Du musst „nur noch kurz die Welt retten". Deshalb beendest du selbst deine Kundentelefonate oder -termine. Denn du bist pushy, gefragt, knapp dran – kurzum, du hast super Angebote und die Kunden reißen sich um dich! Mach dich rar und du bist der Star, aber bitte dabei nicht in Hektik verfallen.

Alternativer Glaubenssatz:

**„Ich mache Schluss."**

# 50.

„Als Experte muss ich fließend Fachchinesisch sprechen."

Wenn ich als Externer bei firmeninternen Veranstaltungen Verkäufer höre, verstehe ich oft nur Bahnhof. Ich weiß, Fachbegriffe aus dem Marketing sollen Kunden beeindrucken. Aber wäre es nicht sinnvoller, wenn deine Kunden dich verstehen? Nutze deshalb eine erklärende Sprache, in der du Marketingbezeichnungen zu einem Mehrwert für deinen Kunden transferierst.

„Unser tripolarer Fluxxgenerator mit Lamonex-Vakuumierfunktion" mag in einer langen Marketingnacht eine gute Idee gewesen sein. Aber selbst, wenn ein Verkäufer dies aussprechen kann, ohne einen Knoten in die Zunge zu bekommen: Was bitte soll das dem Kunden sagen? Was bedeutet es? Wie funktioniert es? Wie lassen sich die Begrifflichkeiten und Funktionsbeschreibungen aus seiner täglichen Anwendung herleiten?

In meinen Veranstaltungen bitte ich Verkäufer gern darum, mir ihr Produkt wie einem Sechsjährigen zu erklären, damit ich als Nichtfachmann es verstehe. Das ist oft eine lange und schwere Geburt! Beim genauen Hinterfragen von Fachbegriffen, Produktbezeichnungen und Funktionsweisen können nicht alle Verkäufer eine für den Kunden sinnvolle Erläuterung in der Nutzenargumentation geben.

Also: Nutze Fachbegriffe bitte nur, wenn du sie auch gut erklären und erläutern kannst, welchen Nutzen und Mehrwert dein Produkt für den Kunden stiftet. Und übrigens: Abkürzungen können auch ausgesprochen werden!

Alternativer Glaubenssatz:

**„Ich spreche so, dass ich verstanden werde."**

# 51.

## „Wenn ich etwas nicht weiß, muss ich einfach lauter sprechen."

Wenn Produktwissen und Prozesse „sitzen", kann der gute Verkäufer seinen größten Trumpf ausspielen: seine Menschenkenntnis. Aber bis dahin gilt, dass du selbstverständlich nicht alles wissen kannst, auch wenn das natürlich das Beste wäre. Das ist auch nicht nötig, denn Informationen sind heute meist nur eine Google-Suche entfernt. Es geht mir hier auch weniger um das Ansammeln von stumpfer Theorie, sondern darum, Mehrwert durch Informationen abseits der Prospekte zu schaffen. Und gerade dieses Fachwissen kann oft nicht angelesen, sondern muss erworben werden. Das heißt, es entsteht im Laufe der Zeit in der Praxis bei Kundenprojekten.

Solange du dieses Wissen noch nicht besitzt, gibst du am besten zu, dass du es nicht weißt und reichst die Informationen zeitnah nach. Kunden sind heute informierter und stellen spezifischere Fragen. Hier mit „Inkompetenzkompensationskompetenz", also Halbwissen und falsch gesetzten Fachbegriffen zu versuchen, kompetent zu wirken, kann nach hinten losgehen. Fehlendes Fachwissen sollte dich jedenfalls nicht daran hindern, das Gespräch mit dem Kunden zu suchen. Du könntest im Zweifelsfall antworten: „Interessante Frage! Das hat bisher noch nie jemand gefragt." Das signalisiert dem Kunden Wertschätzung und sorgt für einen Folgetermin.

Alternativer Glaubenssatz:

**„Mut zur Lücke."**

# Mein Denken über das Verkaufen

„Ich denke, Verkaufen ist Aufschwatzen." Da steht der Fehler steht gleich am Satzanfang! Diejenigen, die selbst so über das Verkaufen denken und reden, tun das, weil sie es nicht können. Denn wenn sie es könnten, wüssten sie, dass Verkaufen wenig mit Druck, also mit „anhauen, umhauen, abhauen" zu tun hat. In sozialen Netzwerken stehen beispielsweise unter meinen Beiträgen manchmal Kommentare wie dieser: „Die (die potenziellen Kunden, Anmerkung des Autors) wollen nicht ungefragt … von irgendjemandem … angerufen werden, der ihnen irgendetwas verkaufen will, was man nicht braucht. Fakt!"

Tja, wieder einmal Pech beim Denken. Versuche es besser mal mit einer meiner Lieblingsdefinitionen übers Verkaufen. Diese lautet: „Menschen dazu aktivieren, für sich selbst vorteilhafte Entscheidungen zu treffen" – und zwar über Sog, nicht über Druck.

Dabei arbeiten viele Menschen im Verkauf, ohne dass sie sich dessen bewusst sind. Zum Beispiel Selbstständige, die denken: „Ich muss nicht verkaufen!" Zu denen sage ich in meinen Veranstaltungen: „Nein, du musst nicht, aber kannst du es nicht verkaufen, ist es nichts wert!" Wie viele von denen leiden an fehlendem Umsatz! Und jeden Tag sagen sie sich: „Ich bin kein Verkäufer!", „Akquise kann ich nicht!" oder „Ich kann/muss/will nicht verkaufen!"

Diese Glaubenssätze über das Verkaufen haben schon abertausende Existenzen gekostet. Und gerade, wenn es nicht so gut läuft, bohren sich die Fragen über die eigenen verkäuferischen Fähigkeiten ins Hirn: „Ist Verkaufen wirklich das Richtige für mich?", „Wird man als Verkäufer geboren?"

Verkaufen zu können ist die Nummer-1-Fähigkeit zu finanzieller Freiheit. Gute Verkäufer bekommen gute Jobangebote. Das war früher so, gilt auch heute und wird auch morgen noch so sein. Und jeder von uns ist Verkäufer. Angestellte verkaufen ihre Arbeitskraft, Eltern ihren Kindern das Zähneputzen, Menschen in der Sozialakquise sich selbst usw. Und deshalb sollte auch jeder verkaufen können.

Was denkst und sagst du übers Verkaufen? Was empfindest du, wenn du sagst: „Ich bin Botschafter und Verkäufer meiner Sache"?

Gerade keine Lust zu lesen? Impulse für besseres Verkaufen gibt's auch auf meinem YouTube Kanal. Einfach hier QR-Code scannen und ein kurzes Video zum Kapitel „Mein Denken über das Verkaufen" ansehen!

# 52.

„Verkaufen ist nicht lustig."

Grundsätzlich schon. Vielleicht nicht immer, aber: „Wer lacht, verkauft!" Wer schon einmal mit einem Kunden im Verkaufsgespräch herzlich gelacht hat, weiß: Danach ist das Gespräch ein anderes. Nichts stärkt spontan die Beziehungsebene so sehr wie ein gemeinsames Lachen.

Und wir sind nicht in der Auto-, Immobilien oder Maschinenbaubranche – Verkäufer arbeiten alle in der Menschenbranche. Es geht darum, Menschen zu begeistern, zu überzeugen, zu aktivieren. Und da sind gute Laune und Lachen Voraussetzung. Sorge dafür, dass sich dein Gesprächspartner nach dem Termin mit dir besser fühlt als vorher. Selbst, wenn er aus welchen Gründen auch immer heute nicht kauft, sollte er eine „gute Zeit" mit dir haben. Dann wirst du auch weiterempfohlen – und heute ist nicht immer.

Und bitte: Zuerst lacht der Kunde und dann lachst du mit ihm. Es gibt kaum etwas Peinlicheres als ein einseitiges Lachen des Verkäufers über etwas, worüber der Kunde gar nicht lachen kann.

Alternativer Glaubenssatz:

## „Wer lacht, verkauft!"

# 53.

## „Meine Ziele sind zu hochgesteckt!"

Sicher, eines der unrühmlichsten Rituale im Vertrieb ist der jährliche Zielvereinbarungsprozess. Nicht nur, dass geschachert wird wie auf einem Basar, nein, das eigentliche Drama ist ein anderes. Ich verstehe, dass zum Budgetieren und Planen Zahlen benötigt werden. Aber welche Bedeutung haben diese Zahlen, in die viel Zeit und Energie investiert wird? Werde ich als Verkaufsleiter zu einem Verkäufer gehen und sagen: „Oh, es ist erst Oktober und Sie haben schon 100 Prozent Zielerreichung – ab in den Urlaub! Stellen Sie das Verkaufen sofort ein!" Natürlich nicht.

Drei Dinge laufen hier oft schief:

- Ob du deine Ziele erreichst, hängt auch von Rahmenbedingungen wie Konjunktur, Lieferfähigkeit, Produktqualität, Wettbewerb usw. ab, und diese sind schwer vorherzusagen und zu beeinflussen.
- Wichtiger als deine Ziele ist dein Verhalten auf dem Weg dahin. Ziele kannst du nicht wirklich steuern, wohl aber deine Aktivitäten. Deshalb sollte die Zielvereinbarung im Vertrieb durch eine Vereinbarung über Aktivitäten ersetzt werden. Welche Aktivitäten wirst du durchführen, damit du deine Ziele erreichst?
- Ziele werden leider meistens nicht als Mittel zur Leistungssteigerung gesehen. Üblicherweise wird doch im Zielvereinbarungsprozess nach hinten „Was wurde im letzten Jahr verkauft?" statt nach vorn „Was wäre möglich?" geschaut. Und für die meisten Verkäufer und ihre Führungskräfte ist eben nur realistisch, was sie schon einmal geschafft haben.

Wachstum entsteht nur, wenn du deine Ziele an der Zukunft, nicht an der Vergangenheit orientierst. Also: Beachte die drei Aspekte bei deinem Zielvereinbarungsprozess und setze dir attraktive Aktivitäten-Ziele.

Alternativer Glaubenssatz:

# „Umsatz erziele ich durch Aktivitäten."

# 54.

## „Früher war alles besser."

Irgendwann denkt man in einer schwachen Minute mal über den Ex-Partner: „So schlecht war es doch damals gar nicht!" (Obwohl man sich früher fast täglich die schönsten Tiernamen an den Kopf geworfen hat!) Ja, die Vergangenheit malt mit goldenen Pinseln.

Viele Verkäufer erleben in einer neuen Firma Folgendes: Am ersten Arbeitstag kommt ein älterer Kollege vorbei, begrüßt den Neuling und sagt dann sinngemäß: „Willkommen in der Firma, du scheinst ein guter Kerl/ein gutes Mädchen zu sein, ist auch ein solides Produkt, ... aber die guten Zeiten sind vorbei. Früher ..." Und dann ergeht ein Schwall von Beispielen über dich, was damals in der guten alten Zeit besser war. (Natürlich alles, außer man selbst!)

Danke dem älteren Kollegen für seinen Hinweis und werde selbst zum Gestalter deiner Gegenwart und Zukunft. Verschwende deine Zeit nicht mit rührseligen Gedanken an die Vergangenheit. Die Welt verändert sich, und du lebst jetzt. Heute ist ein neuer Tag, eine neue Chance in deinem Leben. Nutze sie!

Alternativer Glaubenssatz:

## „Ich lebe jetzt!"

# 55.

„E-Mails bringen Umsatz"

Beim ersten Akquiseanruf einmal klingeln lassen und dann „Sehr geehrter Herr Kunde, leider habe ich Sie heute telefonisch nicht erreicht!" in die Tastatur hämmern. Kommt dir das bekannt vor? Viele Verkäufer verschicken Akquisemails, statt potenzielle Kunden anzurufen. Teils aus Angst vor der eventuellen Ablehnung im Gespräch, teils aus fehlender vertrieblicher Intelligenz.

Aber wir leben in einer „Zuviel-lisation". Von vielen Dingen gibt es zu viel. Ein Beispiel sind E-Mails. Zähle mal, wie viele E-Mails du pro Tag bekommst. 20, 30, 90? Egal, wie viele es sind, Entscheider bekommen noch mehr. Dabei mit deiner E-Mail aus der Masse herauszustechen (falls sie nicht schon im Spam-Ordner gelandet ist) ist anspruchsvoll. Deshalb ist es meist smarter, den Telefonhörer in die Hand zu nehmen und anzurufen. (Und ja, das kannst du lernen!)

Übrigens, auch zum Klären von Sachverhalten ist ein Telefongespräch besser geeignet als eine E-Mail, da emotionale Aspekte bei einer E-Mail nur schwer übertragen werden können. Deshalb benutzen wir Menschen heutzutage auch oft Emojis oder Smileys in der digitalen Kommunikation. ;-) Das hilft aber nur bedingt. Ich kenne wenige Konflikte, die durch einen E-Mail-Verkehr aus der Welt geschafft wurden. Probleme löst man, indem man miteinander, statt übereinander spricht.

Und wenn du trotzdem lieber Akquisebriefe schreibst, dann bitte handschriftlich. Den ganzen Brief, nicht nur die Anrede!

Alternativer Glaubenssatz:

## „Menschen, die ein Telefon haben, wollen angerufen werden."

# 56.

## „Dieser eine große Kunde wird mir den Erfolg bringen!"

Die Hoffnung stirbt zuletzt – aber sie stirbt. Auch im Vertrieb. „Dieser eine große Kunde, wenn der kauft …", „Das eine große Angebot, wenn das angenommen wird …" Der eine Deal, der die Verkaufszahlen für das ganze Jahr retten wird – danach sehnen sich gerade schwache Verkäufer. Sie tragen dieses goldene Kalb das ganze Jahr über mantraartig vor sich her. Das eigentliche Drama ist aber, dass Verkäufer sich damit den Verkaufstrichter verstopfen, sich passiv verhalten und dadurch Lethargie von ihnen Besitz ergreift, die eine Ausrede nach der anderen produziert.

„Wieso soll ich neue Kunden akquirieren? Ich habe ja diesen einen „Riesenkunden", und wenn der kauft, dann müssen sich Produktion und Logistik warm anziehen." So tönt es über Wochen und Monate in Meetings, Kaffeeküchen oder auch im Kreise der Lieben. Manche Fast-Kunden schaffen es dann sogar noch als vertriebliche „Luftbuchungen" in Unternehmens- oder noch schlimmer Investorenpräsentationen. Wenn dann aber der ersehnte Auftrag wider Erwarten doch nicht kommt, beginnt der Katzenjammer: „Es sah so gut aus! Ungerechte Vertriebswelt …"

Ich habe gar nichts gegen große Angebote und Kunden-Schwergewichte, aber sie dürfen nicht als Ausreden herhalten, um sich vor der täglichen Vertriebsarbeit zu drücken. Und ja, hier steht das Wort „Arbeit"!

Alternativer Glaubenssatz:

## „Nur wer loslässt, hat zwei Hände zum Zupacken frei!"

# 57.

"Die kaufen alle!"

Na klar, und Schweine können fliegen! Die Gleichung fünf Angebote gleich fünf Aufträge erlebe ich sehr, sehr selten. Viel häufiger begegnen mir Verkäufer, die aus Faulheit und Planlosigkeit an den paar Interessenten, denen sie ein Angebot geschickt haben, festhalten, anstatt schon jetzt parallel die nächsten fünf Angebotsempfänger zu suchen.

Da werden lieber Angebote monatelang mit sich herumgeschleppt. Wenn ich mit Verkäufern über ihre prallen Angebotsordner schaue, dann heißt es oft: „Das ist die Eigentumswohnung, das Boot, die Ausbildung meiner Kinder, ..." Wenn ich dann reinschaue, dann sehe ich Angebote, die längst überfällig sind und wo sich Kunden garantiert schon anderweitig entschieden haben. Oft haben Verkäufer Angst, sich ein „Nein" vom Kunden abzuholen, wo sie doch schon so viel Zeit und Aufwand in ihn investiert haben.

Mach dir deine Abschlussquote bewusst und arbeite daran, diese zu verbessern. Und vergiss nicht: Eine Abschlussquote von 100 Prozent ist nicht nur sehr, sehr selten. Sie zeigt, dass du deine Preise erhöhen solltest. Befriste deine Angebote, wenn möglich, zeit- und mengenmäßig, und traue dich, nachzufragen. Und vor allem: Suche dir weitere Zielkunden und mache am Bedarf orientierte Angebote!

Alternativer Glaubenssatz:

## „Kontakte bringen Kontrakte!"

# 58.

## „Für Akquise habe ich keine Zeit."

Für Erfolg im Verkauf brauchst du zwei Zutaten: Vorbereitung und Gelegenheiten. Oft mangelt es an beidem.

Zeit ist das demokratischste Gut von allen. Für jeden gilt 24/7. Deshalb ist Zeitmanagement Prioritätenmanagement. Das bringt uns zu der Frage, welche Priorität Akquise und Verkaufen für dich haben. Leider arbeiten viele Verkäufer nach dem Prinzip: „Vertrieb mache ich, wenn ich mit dem Betrieb fertig bin!"

Wenn ich zu einem Coaching à la „der Verkäufer verkauft zu wenig" gerufen werde, dann erlebe ich in neuneinhalb von zehn Fällen dasselbe: Der Verkäufer hat von vornherein zu wenig Kontakt mit seiner Zielgruppe. Er macht Vertrieb, wenn er mit dem Betrieb fertig ist. Das ist nur leider nicht oft der Fall. Und so gehen die Stunden und Tage dahin. Es ist meist nicht so, dass zum Beispiel seine Verkaufsgespräche so miserabel sind, dass kein Kunde kaufen kann. Nein – er spricht ganz einfach mit zu wenigen potenziellen Kunden.

Die Lösung des Problems lautet: richtiges Prioritätenmanagement. Irgendwas und keine Zeit ist immer. Willst du erfolgreich verkaufen, solltest du dem Vertrieb in deiner Arbeit Vorfahrt vor dem Betrieb einräumen. Setze dir selber Termine und lege Zeiten fest, in denen du deine Kunden anrufst. Denn nur, wenn du wirklich vertrieblich tätig bist, wirst du auch Kunden gewinnen.

Alternativer Glaubenssatz:

## „Vertrieb kommt vor Betrieb!"

# 59.

## „Ich bin der Gebietsbesuchstyp."

„Telefonakquise ist nicht so mein Ding, ich bin eher der Gebietsbesuchstyp. Wenn ich beim Kunden bin, sehe ich gleich, wie der Kunde/was der Kunde ..." Nein! Du weißt nur nicht, wie Telefonakquise funktioniert. Die allermeisten Aspekte, wie beispielsweise die Ist-Situation des Kunden und seinen grundsätzlichen Leidensdruck oder Veränderungswillen, kannst du auch am Telefon erfragen. (Wenn du weißt, wie.)

Ich höre oft von Verkäufern: „Mein Kunde will mich sehen!" Weshalb denn? Weil du so hübsch bist? Vielleicht war das vor 20 oder 30 Jahren so, als auf deiner Visitenkarte auch „Berufskraftfahrer mit leicht beratender Tätigkeit" hätte stehen können. Damals hat man Kunden besucht, weil sie „alle 14 Tage dran waren" oder mehr oder weniger „auf dem Weg lagen".

Heute schützen sich Unternehmen vor dem „Gebietsbesuchstyp" durch Schilder mit der Aufschrift „Vertreterbesuch nur nach vorheriger telefonischer Terminvereinbarung". Und du bist als Verkäufer gut beraten, dich daran zu halten. Das ist aber gar nicht dramatisch, denn du kannst im Vorfeld viele Informationen über den Kunden und seine aktuelle Situation über Internet und soziale Medien in Erfahrung bringen.

Aber wenn du heute einfach in der Tür stehst und dann noch das Gespräch mit einem Satz à la „Ich war gerade zufällig in der Nähe (ich bin also unvorbereitet und habe auch nichts Interessantes mitgebracht)" eröffnest, dann läuft zwar der Gebietsbesuchstyp zur Hochform auf, aber nicht der Kunde!

Alternativer Glaubenssatz:

## „Ein Anruf ist der schnellste Weg zum Zielkunden."

# 60.

## „Ich muss auf den perfekten Akquise-Zeitpunkt warten."

„Wann ist denn der beste Zeitpunkt für die Akquise?" Auf diese Frage lautet meine Standardantwort: „Vor fünf Jahren! Der zweitbeste Zeitpunkt ist übrigens jetzt. And action!"

Aktivität ist und bleibt die Mutter des Erfolgs im Verkauf. Das Telefon anstarren und darauf zu warten, dass es klingelt, bringt selten Umsatz. Bei der Telefonakquise ist es viel wichtiger, im ersten Schritt zum Hörer zu greifen und anzurufen, als abzuwarten, um irgendwann das perfekte Gespräch zu führen. Dass du so schlecht bist und einen kaufwilligen Kunden am Telefon komplett verprellst, weil du zu einem unpassenden Zeitpunkt anrufst, ist unwahrscheinlich.

Den Kunden stattdessen überhaupt nicht anzurufen, kostet garantiert Umsatz. Wenn der Kunde bei deinem Wettbewerber kauft, weil er dich nicht kennt und dich daher auch nicht auf seinem „Einkaufs-Schirm" hat, dann ist dieser Umsatz für dich unwiederbringlich verloren. Er ist weg und kommt nie wieder.

Also reserviere dir permanent ein wenig Zeit für die Akquise im Kalender. Ob jeden Tag oder jede Woche hängt natürlich von deinen Vertriebszielen und -aufgaben ab. Wenn du das beherzigst, brauchst du später nicht in operative Hektik zu verfallen.

Alternativer Glaubenssatz:

## „Der beste Zeitpunkt für die meine Akquise ist jetzt."

# 61.

## „Die Adressen sind schwach."

Jeder Verkäufer kennt diesen berühmten Satz aus dem Film „Glengarry Glen Ross". Heute würde es eher heißen „Die Leads sind Schrott." Nach meiner Erfahrung gibt es solche und solche. Das gilt für Leads genauso wie für Verkäufer. Wenn sich Verkäufer über die Qualität der Leads beschweren, dann ist meine Standartantwort: „Sorry, du kannst auch Kaltakquise machen und dir die Adressen dazu gern selbst raussuchen."

Ich plädiere für einen intelligenten Umgang mit Leads. Denn gerade bei Unternehmen, die Leads durch Online-Marketing gewinnen, ist eher die Qualität als die Quantität der Leads ein Thema. Und Leads zu bearbeiten kostet Zeit und Energie. Deshalb machen Werkzeuge wie Idealkundenprofil, Potenzialkennzahl oder das Setter-Closer-Prinzip Sinn, um die Qualität der Leads immer weiter zu verbessern oder einen effizienten Prozess der Leadqualifikation zu etablieren. Übrigens, auch das konsequente Nachfassen kann die Leadausbeute steigern.

Aber auch dein Denken über die Leads hat Einfluss auf die Ergebnisse. Wir sprechen bei uns im Verkauf übrigens nicht von einer Wiedervorlageliste, sondern von einer Chancenliste.

Alternativer Glaubenssatz:

## „Leads sind Chancen."

# 62.

**„Das erste Produkt verkauft der Verkäufer, das zweite der Service."**

Klar, ein guter Service ist immens wichtig. Aber als Verkäufer machst du es dir mit dieser Aussage zu leicht. Denn was nützt es dir, wenn der Bestandskunde nicht mehr bei dir kauft, weil Euer Service nicht der Kundenerwartung entspricht?

Du betreust deinen Kunden verkaufsseitig und schon deshalb solltest du, quasi als „Kundenbesitzer", auch der Anwalt deines Kunden innerhalb deiner Firma sein. Sorge aktiv für eine kollegiale Beziehung zu den Menschen, die im Kundenservice arbeiten. Bei dauerhaften Missständen im Service solltest du die Verkaufsleitung immer wieder darauf hinweisen. Falls sich nichts ändert, frage dich, ob du in diesem Unternehmen richtig bist.

Und klar ist auch, dass das Kümmern einem „Farmer" mehr liegt als einem „Hunter". Als erfolgreicher „Hunter" solltest du danach streben, dass dir das Kümmern weitestgehend abgenommen wird und du „Kunden jagen" kannst. Dasselbe Interesse sollte ja auch deine Firma haben.

Aber der weit verbreiteten Meinung „After Sales (-Service) ist ein reaktives Folgegeschäft und geht mich als Verkäufer nichts an" kann ich wenig abgewinnen. Am Ende lebst du von deinen Verkaufserfolgen. Es nützt dir am Ende gar nichts, wenn du nicht daran schuld bist, dass ein Kunde beim Wettbewerb kauft.

Alternativer Glaubenssatz:

## „Ich kümmere mich um meine Kunden."

# 63.

## „Das Internet ist der Feind des Verkäufers."

Die Digitalisierung und die damit einhergehende Veränderung der Einkaufs- und Verkaufsprozesse wird und will niemand wirklich aufhalten. Klar, der nächste Anbieter ist im Internet manchmal nur einen Klick entfernt, Leistungen und Preise sind oft transparenter. Das sind andere Herausforderungen als früher.

Aber wollen wir wirklich dahin zurück, dass wir Verträge, damit es auch durchdrückt, mit dem Kugelschreiber und fünf Blatt Kohlepapier ausfüllen, um sie dann mit der Post zu versenden? Wenn es schnell ging, war der Vertrag damals nach einer Woche zurück. Das kann kein Verkäufer wieder wollen. Denn schon nach ein paar Tagen kann für den Interessenten eine andere Lösung plötzlich attraktiver erscheinen, oder das Problem verliert an Dringlichkeit. Also denk daran: „Money loves speed!"

Der Verkäuferberuf wird durch das Internet nicht überflüssig. Allerdings verändern sich Aufgaben und Anforderungen. Kunden benötigen heute, wo Informationen frei verfügbar sind, gerade bei erklärungsbedürftigen Produkten noch immer einen Verkäufer, der ihnen Orientierung und Sicherheit bei ihrer Transaktion gibt. Und Firmen brauchen auch heute noch Menschen, die andere Menschen davon überzeugen, dass ihr Angebot das passendere für sie ist. Menschen kaufen eben immer noch bei Menschen.

Alternativer Glaubenssatz:

**„Wer nicht mit der Zeit geht, geht mit der Zeit."**

# 64.

## „Akquise ist King."

Wenn schnell Umsatz gebraucht wird, ist auch meist der Ruf nach neuen Kunden nicht weit: „Wir müssen mehr Akquise machen!" Das ist grundsätzlich auch richtig. Leider wird dabei allzu häufig außer Acht gelassen, dass Akquirieren und Verkaufen zwei Seiten einer Medaille sind und es oft dauert, bis aus einer Akquise Umsatz entsteht.

Schneller und meist auch einfacher ist es, Umsatz bei Bestandskunden zu erzielen. Die kennen uns als Verkäufer, sie kennen unser Unternehmen, oft aber nicht alle unsere Angebote. Da schlägt die Stunde für Zusatzverkäufe, Cross- und Upselling. Und nicht zu vergessen: Wir kennen auch die Bestandskunden, ihre Bedarfe und die Menschen, die entscheiden, wer den Auftrag bekommt. Bestandskunden sind der verborgene Umsatzschatz in den meisten Unternehmen.

Und gerade in Krisenzeiten scheuen Kunden oft das mit einem Anbieterwechsel verbundene Risiko. Klar besteht hier für dich als Akquiseheld auch die Chance, dass du dich gegen den Trend gegenüber Neukunden besonders profilierst. Aber bitte erst, nachdem du deine Hausaufgaben mit deinen Bestandskunden erledigt hast.

Alternativer Glaubenssatz:

## „Bestandskunden sind das im Unternehmen vergrabene Gold."

# 65.

## „Ich muss Umsatz machen."

Umsatz bezahlt keine Rechnungen, Gewinn schon. Und natürlich gehen die beiden im Idealfall Hand in Hand. Leider arbeiten viele Unternehmen nach dem Motto „Alles muss mehr werden!" und verwirren damit auch ihre Verkäufer.

Es kann Zeiten geben, in denen Umsatz das Maß aller Dinge ist, und Zeiten, in denen der Gewinn vorgeht. Wichtig ist, Klarheit darüber zu haben. Was aktuell ansteht, darauf solltest du in deiner oder in der Vertriebsstrategie deiner Firma die Antwort finden. Ein Beispiel: Wird gerade der Markt verteilt und es gilt, schnell Marktanteile zu gewinnen? Dann sollten Neukundenoberste Priorität haben. So entsteht erst Umsatz und hoffentlich später dann auch Gewinn.

Für uns als Verkäufer auch nicht ganz unwesentlich: Woran errechnet sich deine Provision? An deinem Umsatz, am Gewinn bzw. Deckungsbeitrag oder an deinen Neukunden? Oft ist leider nicht allen bewusst, dass auch Provisionsregelungen einen starken Einfluss auf die Aktivitäten der Verkäufer haben. Also schafft in Eurem Vertrieb Klarheit über die aktuellen Prioritäten – und dann: Attacke!

Alternativer Glaubenssatz:

## „Klare Strategie – klare Aktivitäten."

# 66.

## „Der Einkäufer mag mich/ meine Firma nicht."

Oft ist es von potenziellen Kunden gewollt, dass Verkäufer dies glauben, denn dann sehen sie sich in einer schlechteren Verhandlungsposition, und das bereitet den Boden für weitreichende Preiszugeständnisse. Die Wahrheit ist aber häufig eine andere.

Stark vereinfacht ausgedrückt haben Einkäufer die Aufgabe, Einkaufspreise zu senken, und Verkäufer haben die Aufgabe, Verkaufspreise zu steigern. So einfach lässt sich der hier vorliegende Zielkonflikt beschreiben. Und zur Einkaufstaktik mancher Unternehmen gehört es, keine allzu große Sympathie zwischen Einkäufer und Verkäufer zuzulassen, da die emotionale Bindung dazu führen könnte, dass zu teuer eingekauft wird.

Als Verkäufer möchtest du aber der präferierte Partner des Einkaufs werden – und ja, erst gewinnst du einen Freund und dann einen Kunden. Der Einkäufer ist ein Mensch und Menschen sind soziale Wesen. Also investiere in deine Beziehung zum Einkäufer und baue Sympathie, Vertrauen und Kompetenz auf, aber mache dir auch klar: Das ist ein Spiel!

Ein Einkäufer hat das Ziel, den bestmöglichen Preis beim Wunschlieferanten zu erzielen. Das bedeutet, dass ein Einkäufer seinen Job nur dann konsequent macht, wenn er dir erst den Auftrag erteilt, nachdem du „Nein" sagst und anfängst, deine Sachen zusammenzupacken. Jeder Profieinkäufer muss dafür sorgen, dass du als Verkäufer bis an die absolute Schmerzgrenze gehst. Der Einkäufer wartet also förmlich darauf, dass du sagst: „Das ist mein letzter Preis. Entweder Sie nehmen den oder wir sind raus!"

Also spiel mit – du wirst nicht immer gewinnen, aber immer besser werden!

Alternativer Glaubenssatz:

## „Ich werde den Einkäufer für mich gewinnen!"

# 67.

„Verkaufen ist hart."

Ja, das stimmt vielleicht manchmal. Aber ganze Leben ist manchmal hart. Verkaufen sollte sich für dich grundsätzlich gut anfühlen, im Flow passieren und Spaß machen. Richtig gelesen: Verkaufen, Spaß und Geld verdienen gehören zusammen! Bei einem Popstar ist uns klar, dass das funktioniert, aber als Verkäufer sprechen wir uns ab, mit einer Leidenschaft oder einem Hobby Geld verdienen zu können.

Ein Beispiel, wie du in den Verkaufs-Flow kommst: Wir suchen bei der Akquise Kunden, die drei Kriterien erfüllen: die unser Angebot aktuell wollen, brauchen und auch entscheiden/bezahlen können. Ich bin ein großer Fan der „HHH-Formel im Verkauf. Die steht ja für „hartnäckige Höflichkeit hilft". Aber von potenziellen Kunden, die eines oder mehr dieser drei Kriterien im Moment nicht erfüllen, solltest du dich eher verabschieden, anstatt dich zu verbeißen und mit Druck und Härte zu versuchen, den Abschluss zu erzwingen. Du kannst dich ihnen zu einem späteren Zeitpunkt wieder widmen, wenn die Chancen besser stehen. Halte dich an Kunden mit den passenden Voraussetzungen.

Das richtige Timing entscheidet oft darüber, ob es im Verkauf gut läuft oder nicht. Generell gilt: Hast du ein Produkt, das viele Menschen wollen, bearbeitest du Anfragen. Bist du in einem gesättigten Markt unterwegs, dann sind deine Neukunden ehemalige Wettbewerbskunden und dann ist dein Verkauf eher von „Neins" und von Rabatten geprägt – und ist manchmal tatsächlich hart.

Stelle dir auch mal die Frage: Ist die Krise draußen (im Markt) oder drinnen (in deinem Verkauf)? Die Krise à la „Verkaufen ist hart" draußen zu sehen ist oft bequem, denn dann bist du ja nicht verantwortlich, kannst selbst nichts tun, musst ausbaden was andere, ...

Aber verbesserst du deinen Verkaufssystem, dann kannst du auch im wirtschaftlichen Abschwung deinen vertrieblichen Aufschwung schaffen.

Alternativer Glaubenssatz:

## „Ich schaffe mir meinen Verkaufs-Flow."

# 68.

## „Woanders verkauft es sich leichter"

„Wenn ich doch nur in diesem einen Gebiet verkaufen könnte!" Klar, auf der anderen Seite des Zauns scheint das Gras immer grüner zu sein. In deinem Traum-Gebiet brauchst du nicht zu akquirieren, die Kunden sind alle nett und die Provisionen fließen wie Honig.

Wenn ich manchmal in einer Woche in fünf verschiedenen Unternehmen und Branchen unterwegs bin, würde ich die Verkäufer, die diesem Denkfehler nachhängen, gerne mal dabeihaben. Dabei würden sie einen anderen Blickwinkel auf ihre aktuelle Situation bekommen und sicherlich auch die Dinge wieder schätzen lernen, die sie aktuell haben. Ihnen fehlt oft einfach der Vergleich. Und im Social-Media-Zeitalter, in dem wir online nur erfolgreiche und glückliche Menschen und Verkäufer sehen, sieht das eigene Leben sowieso meist blass und trist aus.

Ab und zu treffe ich bei Veranstaltungen auf „Rückkehrer", die in Demut über ihren „Ausflug" auf eine andere, vermeintlich „grünere" Wiese berichten. Ich wünsche mir dann, dass jedes Team so jemanden hätte. Bitte nicht falsch verstehen, ich habe volles Verständnis für jeden, der sich weiterentwickeln möchte. Und ein Jobwechsel kann da natürlich grundsätzlich dazugehören. Aber das Motiv sollte nicht der Glaube sein, dass woanders jeden Tag die Verkaufssonne scheint. Das führt nur zu Enttäuschungen. Wenn du möchtest, dass deine eigene Wiese zur immergrünen Traumwiese wird, fang an zu säen!

Alternativer Glaubenssatz:

## „Wo ich bin, da verkaufe ich""

# 69.

## „Endlich ist der Monat ist rum."

„Geschafft! Das war wieder ein anstrengender Monat, aber jetzt ist der ja Gott sei Dank vorbei!" Hä, als Verkäufer nützt es dir aber überhaupt nichts, wenn der Monat vorbei ist. Allen anderen in der Firma schon – die freuen sich auf das Monatsende, weil es dann Geld gibt. Als Verkäufer solltest du eher traurig sein, dass du in diesem Monat nichts mehr verkaufen kannst.

Denn fast alle Mitarbeiter im Unternehmen werden nach ihrem Input bezahlt, also danach, wie viel Lebenszeit sie der Firma in diesem Monat überlassen haben. Nur Verkäufer werden nach Output bezahlt: Du kannst dich im Vertrieb den ganzen Monat über nicht in der Firma blicken lassen, in Bars abhängen, dich auf dem Golfplatz herumtreiben oder dich sonst irgendwie vergnügen. Wenn du am Monatsende auftauchst und ausreichend Verträge mit Deckungsbeitrag ablieferst, die einigermaßen moralisch verträglich zustande gekommen sind, wird dich dein Chef lieben.

Und trotzdem haben so wenige Verkäufer ihren Fokus auf den ergebnisproduzierenden Tätigkeiten, sondern vor allem darauf, die Zeit rumzukriegen. Schade eigentlich.

Alternativer Glaubenssatz:

## „Jeder Tag ist eine Verkaufschance."

# 70.

## „Wenigstens beim Essen will ich meine Ruhe."

Kann ich grundsätzlich verstehen, aber dann hast du das Handy auf dem Tisch und scrollst dir die Finger wund bei Instagram und Co. und bist eher frustriert, weil bei allen anderen alles so nice aussieht.

Wer sein Essen allein mit Fokus auf das Hier und Jetzt ohne Ablenkung meditativ genießen möchte und sich so seinen Energieschub für die zweite Tageshälfte holen will, hat meine volle Unterstützung.

Aber zumindest einmal in der Woche könnte zur Mittagszeit auch Netzwerken angesagt sein. Denn das gemeinsame (Mittag-) Essen ist eine entspannte Möglichkeit, intern wie extern Kontakte zu pflegen. „Never lunch alone!" ist nicht umsonst der Schlachtruf erfolgreicher Netzwerker.

Also entscheide dich bewusst dafür, was dir deine Mittagspause bringen soll. Schalte gegebenenfalls mal dein Handy aus und nimm dir ab und zu Zeit für berufliche Geselligkeit, um dein Netzwerk zu pflegen. Dann ist Lunch auch nicht nur etwas für Looser.

Alternativer Glaubenssatz:

**„Ich gestalte meine Mittagspause bewusst."**

# Mein Denken über mein Angebot und meine Firma

Als Verkäufer bist du auch Botschafter. Botschafter deiner Firma und ihres Angebots. Für Kunden machst du deine Firma, ihre Marke und ihr Versprechen im Moment der Wahrheit, wenn der Kunde ins Spiel kommt, lebendig. Und als Markenbotschafter solltest du hinter oder besser noch vor deiner Firma stehen. Wenn nicht, wird es anspruchsvoll für alle.

Wenn du dich mit einem Kollegen aus deinem Verkaufsteam über deine Firma unterhältst, und ein Kunde könnte euch unbemerkt belauschen, was würde er hören? Würde er denken: „Kunde bei diesem Unternehmen zu sein, das ist eine Welt, der ich gern angehören würde"? Oder eher: „Ach du meine Nase, da ist ja was los!"?

Wie kommt es, dass Verkäufer oft nicht so positiv über ihr Unternehmen und sein Angebot denken und sprechen? Meine Antwort ist: Sie wissen einfach zu viel. Zu viel über Internes aus der Firma, über Angebote und Aktionen des Wettbewerbs usw.

Und dann vergleichen sie ihr Angebot gern mit denen des Wettbewerbs, finden Schwachstellen im eigenen (blenden gern Schwachstellen beim Wettbewerb aus) und würden am liebsten für sich und den Kunden aus allen Angeboten am Markt das Beste zusammenstellen. Hier das Neueste und Innovativste, dort das Bewährteste und Ausgereifteste, dabei noch sofort verfügbar und leicht zu implementieren, und natürlich als Sahnehäubchen noch den besten Preis obendrauf.

Mach dir klar: Dein Angebot ist mehr als ein Produkt. Lieferfähigkeit, Zahlungsbedingungen, Service, ... und als Wichtigstes deine Verkäuferleistung in Beziehung, Beratung und Verkauf machen dein Gesamtpaket aus. Kunden kaufen immer das emotionale Gesamtpaket aus Verkäufer und Angebot. Und: Nur wenn ein Verkäufer überzeugt, wird auch sein Angebot für den Kunden die Nummer 1.

Dazu ist es notwendig, sich auf den Stuhl des Kunden zu setzen und einen Perspektivenwechsel einzunehmen. Anstatt dich damit auseinanderzusetzen, was du verkaufen möchtest, frage besser: „Was will mein Kunde?" Oder: „Wenn ich jetzt in der Kundenrolle wäre, würde ich mein Angebot annehmen?"

Denn deine Angebote sind Liebesbriefe an Kunden und sollten Kunden sachlich überzeugen, aber auch emotional „berühren". Damit dies gelingt, ist dein positives Denken über dein Unternehmen und dein Angebot die Grundvoraussetzung.

Gerade keine Lust zu lesen? Impulse für besseres Verkaufen gibt's auch auf meinem YouTube Kanal. Einfach hier QR-Code scannen und ein kurzes Video zum Kapitel „Mein Denken über mein Angebot und meine Firma" ansehen!

# 71.

## „Ich muss hinter meinem Produkt stehen!"

„Ich kann dieses Produkt nicht verkaufen, da stehe ich nicht dahinter!" Das höre ich immer wieder von Verkäufern. Natürlich macht es Sinn, mit etwas, für das ich brenne, viel Lebenszeit zu verbringen. Und macht es macht Sinn, etwas zu verkaufen, das mich selbst begeistert.

Aber wer sollte denn am besten entscheiden, ob das Produkt gut ist? Der Verkäufer oder der Kunde? Stell dir vor, der Verkäufer in deiner Lieblingsboutique würde nur die Sachen in den Laden legen, die ihm selbst gefallen. Alles andere bliebe im Lager. Wahrscheinlich würdest du als Kunde doch lieber selbst entscheiden, oder?

Oder was soll ein U-Boot-Verkäufer sagen? „Ich fahre dieses Modell selbst seit Jahren und kann es rundum empfehlen!"? Nein – er setzt sich auf den Kundenstuhl und betrachtet das Angebot aus Kunden-Perspektive. Er fragt sich nicht, ob er es selbst auch gebrauchen kann.

Klar, wenn du dich für das Produkt und seinen Nutzen interessierst, fällt es dir sicherlich leichter, Fachwissen aufzubauen. Aber kaum ein Produkt ist fehlerfrei, und selbst wenn, dann bleibt immer noch der Nachteil für den Kunden, dass er dafür Geld bezahlen muss. Also, wer muss hinter dem Produkt stehen: der Verkäufer oder der Kunde?

Alternativer Glaubenssatz:

## „Meine Angebote passen zu meinen Kunden."

# 72.

„Qualität spricht sich rum."

Meist spricht sich leider nur schlechte Qualität herum. Wie oft hast du schon einen Lieferanten angerufen und gesagt: „Hey, klasse, euer Produkt hält das Versprechen aus der Werbung ein, sensationell, danke!!! Ich werde es gleich weitersagen!"

Tatsache ist: Wir verlieren mehr Umsatz durch fehlende Reputation im Markt als durch die Konkurrenz. Und selbst wenn sich Qualität mal herumspricht, macht es doch für dich als Verkäufer Sinn, dass sich die Qualität noch viel mehr herumspricht. Daher lohnt es sich, deinen Kunden um Feedback zu bitten und positives Feedback auch im Internet zu verbreiten: „Schreibe es bitte ins Internet – in Foren, in meine Google-Bewertung, oder noch besser: Dreh ein Video dazu!"

Verkaufen heißt ja auch überzeugen, da steckt das Wort „Zeuge" drin. Also bitte Zeugen darum, deine Qualität zu bezeugen! Gleiche kennen Gleiche. Daher lohnt es sich, deinen Kunden um Feedback zu bitten, damit sich die Qualität noch viel mehr in deiner Zielgruppe herumspricht.

Alternativer Glaubenssatz:

## „Mein bester Verkäufer ist mein begeisterter Kunde."

# 73.

## „Der Kunde muss mein Angebot erst testen …"

„…und wenn das nicht möglich ist, kann ich nichts verkaufen." Klar: „Vorführen, zeigen, schriftlich geben" sind starke Verkaufsargumente. Eine Produktvorführung, zum Beispiel eine Probefahrt im Automobilverkauf, sollte normalerweise gerade bei Neukunden der Marke oder des Fahrzeugmodells eingesetzt werden.

Aber manchmal ist keine Vorführung möglich, sehr aufwändig oder auch gar nicht notwendig. Warum solltest du den Aufwand betreiben, wenn der Kunde keinen Test braucht und auch sowieso kaufen würde? Sollte nicht der Kunde entscheiden, ob und wie er testen will?

Gerade Verkäufer, die schon lange im Geschäft sind, haben ihre festen Routinen und Gewohnheiten entwickelt und reflektieren selten, ob es noch einen anderen Weg gibt. Und so stehen sie sich manchmal mit ihrer jahrelangen Erfahrung und ihren daraus resultierenden Glaubenssätzen selbst im Weg.

Alternativer Glaubenssatz:

## „Der Kunde entscheidet, ob er testen will und muss."

# 74.

## „Unsere Konkurrenz ist schlecht."

Deinen Wettbewerber schlecht zu machen, vor dir selbst oder vor deinen Kunden, macht dich selbst nicht besser. Das, was du über ähnliche Produkte oder Services von anderen Anbietern denkst und wie du darüber sprichst, zeichnet eher ein Bild deiner Moral. Paartherapeutin Esther Perel sagt: „Wir sehen die Dinge nicht, wie sie sind, sondern wir sehen sie, wie wir sind." Es ist einfach nicht nötig, deine Wettbewerber schlechter zu reden, als sie sind.

Und was wird wohl dein Kunde denken? „Ah, eine objektive Einschätzung über die Vor- und Nachteile des Wettbewerbsangebots"? Oder: „Typisch Verkäufer – über die Konkurrenz herziehen!" Oder: „Was wird der Verkäufer anderen in der Branche über mich erzählen, falls ich sein Angebot nicht annehme?"

Viel überzeugender ist es, deinen „Sweetspot", deine Einzigartigkeit zu präsentieren und hervorzuheben, warum dein Produkt für den Kunden die beste Wahl am Markt ist. Und wenn bestimmte, vom Kunden geforderte Produktmerkmale nicht vorhanden sind, hilft auch kein Schlechtmachen des Wettbewerbs.

Sammle stattdessen kontinuierlich die Anforderungen deiner Kunden und gib sie an die Produktentwicklung weiter. Damit tust du alles in deiner Macht Stehende, um dein Angebot kontinuierlich an die Wünsche deiner Zielgruppe anzupassen.

Alternativer Glaubenssatz:

## „Wettbewerb belebt mein Geschäft."

# 75.

## „Meine Branche ist anders."

Kaum ein Mantra ist mir in den letzten 25 Jahren als Vertriebstrainer so oft begegnet wie: „Das mag ja weltweit funktionieren, aber – das können Sie nicht wissen, Herr Löser – in meiner Branche, meiner Region, meinem Verkaufsgebiet sind die Menschen anders als im Rest der Republik. Da funktioniert das nicht. Manchmal sagen Verkäufer schon vor der Produkteinführung: „Das Produkt verkauft sich bei mir einfach nicht."

Meist höre ich diese Aussage von Menschen, die noch nie in einer anderen Branche, einer anderen Region oder einem anderen Verkaufsgebiet unterwegs waren. Ob da ein Zusammenhang besteht? Manchmal kommt dann noch: „Ah, das haben wir schon probiert. Das klappt bei uns nicht!" Und wenn ich dann frage, wann und wie oft das schon probiert wurde, dann werden die Antworten sehr, sehr dünn.

Übrigens kommt der „Meine Branche ist ganz anders"-Glaubenssatz nicht nur von Verkäufern, sondern oft auch von ihren Führungskräften. Die fragen mich als Vertriebstrainer dann im Erstgespräch: „Welche Erfahrungen haben Sie denn in unserer speziellen Branche?" Dann ist Branchenerfahrung das entscheidende Auswahlkriterium für einen Trainer. Der ganzen Vertriebstruppe frischen Wind einzuhauchen und den abgestandenen Mief zu vertreiben wird in solchen Fällen schwierig.

Klar, jede Branche ist etwas anders. Allerdings gibt es eine riesengroße Schnittmenge. Und wer sagt, dass du nicht aus anderen Branchen, Vertriebsformen oder Verkaufsgebieten lernen kannst? Alternativer Glaubenssatz:

## „Kapieren und kopieren!"

# 76.

## „Mein stärkster Wettbewerber ist die Konkurrenz."

Wettbewerber Nummer eins, insbesondere im B2B-Vertrieb, ist oft nicht die Konkurrenz, sondern die Ist-Situation, der Status quo des Kunden! Denn eine Kaufentscheidung zu treffen, bedeutet Risiko und Aufwand für den Entscheider auf der Kundenseite.

Risiko, weil jeder Anbieterwechsel ein Wagnis ist: Hält der Neue, was er verspricht? Liefert die Lösung wirklich den erwarteten Mehrwert? Aufwand, weil der Entscheider Arbeit hat. Er muss vielleicht andere Personen im Unternehmen von seiner Entscheidung überzeugen, neue Verträge prüfen, die Produktion vorübergehend unterbrechen ...

Deshalb ist die Ist-Situation des Kunden meist dein stärkster Wettbewerber. Also stelle dir die Frage: „Wie kann ich Risiko und Aufwand für meinen Kunden so gering wie möglich halten?" Es hilft ungemein, wenn der Kunde einen hohen Leidensdruck, auch KBF (Kittelbrennfaktor) genannt, spürt. Falls der noch nicht vorhanden ist, ist es deine Aufgabe als Verkäufer, ihm diesen durch Problem- und Auswirkungsfragen bewusst zu machen. Daher gehören Aufwandssenker und Risikominimierer in den Werkzeugkasten eines jeden Verkäufers.

Alternativer Glaubenssatz:

**„Ich mache es dem Kunden leicht, bei mir zu kaufen."**

# 77.

## „Ich mach schon mal ein Angebot."

Wenn du heute ein indikatives Angebot abgibst, obwohl der Kunde keinen aktuellen Bedarf hat, ist das eine der größten vertrieblichen Blindleistungen. Motto: „Du kennst weder das Produkt noch seinen Nutzen, hast zurzeit keinen Bedarf und brauchst kein Angebot, aber ich will dir trotzdem schon mal sagen, wie teuer es ist. Durch ein verfrühtes Angebot entstehen zwei Szenarien, die beide für den Abschluss ungünstig sind: Ist dein Angebot zu teuer, ist der Kunde abgeschreckt. Bist du sehr günstig und kannst diesen Preis später nicht mehr anbieten, ist der Kunde sauer.

Und wenn dich ein potenzieller Neukunde schnell zur Abgabe eines Angebots auffordert, dann prüfe zunächst deine Chancen, den Auftrag zu erhalten. Denn die Motive, warum Interessenten oder auch Kunden ein Angebot wünschen, sind vielfältig. Und in manchen Fällen stehst du als Anbieter auf verlorenem Posten. Denn mit einem getarnten Kaufsignal möchte der Anfrager möglicherweise nur den Preis drücken oder er will den „lästigen" Verkäufer loswerden.

Besser ist es also, eine systematische Bedarfsanalyse durchführen und die Chancen für einen Auftrag zu prüfen. Die Zeit bis dahin kannst du nutzen, um eine Beziehung aufzubauen und erst dann, wenn die Zeit reif ist, ein professionelles Angebot mit dem Nutzen des Produkts oder der Problemlösung schreiben.

Alternativer Glaubenssatz:

## „Kommt Zeit, kommt Angebot"

# 78.

„Dafür bin ich nicht zuständig."

Jeder Kunde in Deutschland hat diesen Satz schon unzählige Male über sich ergehen lassen müssen. Nicht zuständig? Der Verkäufer könnte auch gleich sagen: „Es ist dein Sch ... Problem, du Kunde!"

Eine Attitüde à la „Versuche nicht, dein Problem zu meinem zu machen!" ist sicher nicht verkaufsfördernd. Streiche das Wort „zuständig" besser aus deinem Sprachgebrauch und ersetze es durch „verantwortlich". Und wofür ist ein Verkäufer verantwortlich? – Für glückliche Kunden, Umsatz und Gewinn. Damit es auch dazu kommt, sollte der Satz besser lauten: „Dafür ist bei uns Herr/Frau ... verantwortlich und ich bringe Sie gern zu ihm/ihr hin."

Du als Verkäufer bist für die Probleme deiner Kunden der erste Ansprechpartner, auch wenn du sie nicht selbst lösen kannst. Das kann sehr anstrengend sein, ist aber so. Dein Angebot ist eben nicht nur dein Produkt/deine Dienstleistung, sondern dazu gehört auch deine Beratung, deine Dienstleistungsbereitschaft und einiges mehr.

Alternativer Glaubenssatz:

**„Dein Problem ist mein Problem."**

# 79.

## „Mein Büro gehört mir ..."

„… und deshalb sieht es auch so aus, wie es aussieht." Ich erlebe in jeder Vertriebsmannschaft Verkäufer, die mehr Flaschenpfand unterm Schreibtisch haben als Geld auf dem Konto. Auf dem Schreibtisch liegt eine fünf Jahre alte Schreibtischunterlage, deren oberstes Blatt mit Notizen und Telefonnummern beschmiert ist, und deshalb kann die auch nicht weg. Außerdem dient sie dazu, um weitere Zettel darunter zu verstecken. Der Bildschirm des PC ist mit Post-its beklebt, und Visitenkarten von Anbietern und Kunden liegen in kleinen Stapeln rum. Die Aufzählung ist je nach Branche noch individuell zu ergänzen.

Da denken Verkäufer, ihr Büro sei ihr Wohnzimmer und Ordnung überbewertet. Es mag Kunden geben, denen das egal ist, aber es gibt auch Kunden, denen Ordnung und eine gepflegte Umgebung wichtig sind. Diese Kunden haben kein gutes Gefühl, wenn sie dir etwas Wichtiges sagen und du es auf einen Zettel schreibst und zu den anderen fünfundzwanzig Zetteln auf deinem Schreibtisch legst.

Wenn du in deinem Büro Kunden empfängst und berätst, dann ist dein Büro deine Arena. Hier kämpfst du, verlierst und gewinnst du. Setz dich ab und zu mal auf den Stuhl, auf dem deine Kunden sitzen und lasse mal deinen Blick schweifen. Was siehst du? Pokal (Sieger), Familienbild (Verantwortung) und Grünpflanze (Leben)? Oder alte Prospekte, Papierstapel und eine vollgekritzelte Schreibtischunterlage?

Alternativer Glaubenssatz:

## „Mein Büro ist meine Arena."

# 80.

## „Wer den günstigsten Preis hat, verkauft."

Mit Rabatten um sich werfen ist der Lieblingssport schwacher Verkäufer. Ihr Klagegesang lautet: „Ja, das beste Produkt zum günstigsten Preis – das könnte ich gut verkaufen!" Nein, dazu braucht keine Firma der Welt Verkäufer. So etwas verkauft sich von selbst.

Wenn du der Erste bist, der das Wort „Rabatt" in den Mund nimmt, entsteht beim Kunden immer ein seltsames Gefühl à la: „Wenn das Angebot so gut ist, weshalb gibt es dann Rabatt?" Und unsichere Kunden kaufen nicht.

Wenn der, der den günstigsten Preis hat, am meisten verkaufen würde, würde er auch die geringste Marge erzielen. Ist aber nicht so. Die Verkäufer, die viel verkaufen, haben in der Regel eine höhere Durchschnittsmarge. Warum? Weil schwache Verkäufer sich ihre wenigen Geschäfte oft mit Rabatt erkaufen. Starke Verkäufer haben „Preisstolz". Sie sagen mit einer Inbrunst, dass ihnen fast die Knöpfe vom Hemd fliegen: „Ja, das Produkt ist teuer, und wertvoll, weil ..." und dann folgt die Nutzenargumentation.

Der Preis steht immer in Relation zum Wert. Und kennt der Kunde den Wert, also seinen individuellen Nutzen noch nicht, wird er fast jeden Preis als zu hoch empfinden. Je höher der gefühlte Leidensdruck beim Verkäufer, umso früher nennt er den Preis. Er denkt: „Wenn ich den Preis nenne, ist der Kunde eh weg." Und er hat ja in diesem Fall auch recht damit.

Alternativer Glaubenssatz:

## „Ja, mein Angebot ist wertvoll und das ist auch gut so!"

# 81.

## „Das Produkt spricht für sich."

Unter uns: Die meisten Produkte sprechen nicht. Auch nicht für sich. Und übrigens kauft ein Kunde keine Produkte oder Produktmerkmale, sondern den Nutzen des Produkts. Und der ist individuell. Die meisten Produkte führen leider auch keine systematische Bedarfsanalyse beim Kunden durch, um dann die passenden Nutzenargumente anzubieten.

Klar, mit der Marketingbrille auf der Nase kann man schon sagen: „Wenn man ein Produkt verkaufen muss, stimmt das Produkt nicht!" Klar, richtig coole und innovative Produkte verkaufen sich von selbst und die Nachfrage übersteigt das Angebot. Aber wer hat die schon (dauerhaft)?

Die meisten Produkte verfügen heute über eine vergleichbare Produktqualität und das Produkt allein ist nicht mehr der entscheidende Faktor für den Markterfolg. Aber dein Angebot ist ja auch mehr als dein Produkt. Deine Marke, deine Beratung, dein Service und nicht zuletzt deine Verkäuferpersönlichkeit bilden dein einmaliges Gesamtpaket.

Alternativer Glaubenssatz:

## „Ich spreche für mein Produkt!"

# 82.

## „Die in der Zentrale…"

„… die wissen gar nicht, wie schwer wir beide, lieber Kunde, es hier draußen haben. Die haben die Preise erhöht, diese Subvention gestrichen, den Liefertermin verschoben …" Diese unheimliche Allianz zwischen Verkäufer und Kunde gegen das eigene Unternehmen des Verkäufers erlebe ich leider allzu oft.

Menschlich ist sie vielleicht noch nachvollziehbar, aber eine Frage muss ich doch stellen: „Was denkt wohl der Kunde, wenn der Verkäufer wieder vom Hof gefahren ist?" Vielleicht kommt ihm der brisante Gedanke: „Wenn der Verkäufer, der das eigene Unternehmen viel besser kennt als ich, sich schon nicht mit dem Laden identifiziert, weshalb sollte ich das als Kunde tun?" Und zack wird mal beim Wettbewerb angefragt.

Sind immer alle Entscheidungen der Unternehmensleitung nachvollziehbar? Nein. Wird alles 1a kommuniziert? Nein. Aber ganz sicher gilt: Aus Sicht der Unternehmensleitung stellen sich Dinge oft auch anders dar als aus deiner Verkäufersicht. Deshalb: Sprich offen mit deinem Kunden über die aktuelle Situation, die Argumente und sucht gemeinsam nach einer Lösung, anstatt euch in Problemen zu wälzen.

Alternativer Glaubenssatz:

## „Eine Firma, ein Team."

# 83.

„Der Ärger beginnt meist, wenn der Kunde unterschrieben hat."

Ja, manchmal ist der Aufwand größer, ein Projekt intern zu verkaufen als extern. Wenn zum Beispiel ein Bankberater einen Kunden für einen Firmenkredit gewinnt und die interne Marktfolge den Antrag bearbeitet, wird oft der Verkäufer zum Anwalt des Kunden und verkauft den Kredit intern zum zweiten Mal.

Klar, als Verkäufer willst du deine Energie in den Markt stecken und keine Kraft darauf aufwenden müssen, um Projekte in der eigenen Firma durchzuboxen. Aber wenn du bereits mit deinen Gedanken an den internen Kampf zum Kunden fährst, kostet dich das Begeisterung und Überzeugungskraft. Und wenn du Probleme, die auf dich zukommen werden, ignorierst oder ausblendest, nur weil sie gerade nicht sichtbar sind, heißt das noch nicht, dass sie verschwunden sind.

Deshalb binde deine Kollegen in der Auftragsbearbeitung zeitnah ein und mache das Projekt zu Euerm Projekt. Und wenn du nach erfolgreicher Bearbeitung dem Kollegen noch ein Eis spendierst, steht neuen Projekten nichts im Weg. Am Ende wird alles gut. Und wenn es noch nicht gut ist, so ist es auch nicht das Ende.

Übrigens gehen wir in der Liebe von der besten Variante der Zukunft aus. Sonst müssten wir auch hier sagen: „Der Ärger beginnt, wenn..."

Alternativer Glaubenssatz:

## „Ich bin gerne Anwalt meiner Kunden."

# Mein Denken über meine Kunden

„Mythos Kunde", so könnte man die Meinung über die Daseinsberechtigung Nummer 1 für Heerscharen von Marktforschern auf den Punkt bringen. Sie sollen ergründen, wie er der Kunde tickt. Dabei wird oft vor allem ein Aspekt übersehen: Kunden sind Menschen. Menschen wie du und ich. Und als Menschen haben sie Wünsche und Bedürfnisse, Ängste und Befürchtungen, kurzum Emotionen. Und wenn sie das Gefühl haben, dass sie als Mensch wahr- und ernstgenommen werden, kaufen sie auch.

Erst ab dem Moment, wenn sich ein Verkäufer um den Kunden kümmert, kümmert sich auch der Kunde um den Verkäufer. Wo ehrliches Interesse besteht, wächst Vertrauen. Und wo Vertrauen ist, entsteht auch ein gutes Gefühl. Also zeige deinem Gegenüber dein ehrliches Interesse an seiner Person. Zeige deine Persönlichkeit und habe den Mut, auch Ecken und Kanten zu zeigen, nicht nur die oberflächlich freundliche Verkäuferfassade. Kunden belohnen authentische und glaubwürdige Offenheit mit Vertrauen. Mangelndes Vertrauen ist der Ur-Einwand aller „widerspenstigen" Kunden.

Soweit die Theorie: Wie oft hast du beim Betreten eines Geschäfts schon gefragt, ob du hier wirklich willkommen bist, oder ob der Verkäufer denkt „Oh nein, abtauchen – Kundenalarm!"? Wenn ich erlebe, wie in manchen Unternehmen über die Kunden gesprochen wird, dann frage ich mich, ob ich da gern Kunde wäre. Kundenerlebnis schafft Kundenbeziehung. Nur leider ist es mit der Begegnungsqualität im Verkauf oft nicht weit her.

Verkäufer zeichnen sich dadurch aus, dass sie ihre Kunden wahrnehmen. Das ist die Basis für kundenzentriertes Handeln und Kommunizieren. Wer kundenzentriert denkt, betrachtet alles aus der Perspektive des Kunden. Das Reflektieren deiner Glaubenssätze soll dir dabei helfen, deine Haltung zu deinen Kunden zu überprüfen.

Gerade keine Lust zu lesen? Impulse für besseres Verkaufen gibt's auch auf meinem YouTube Kanal. Einfach hier QR-Code scannen und ein kurzes Video zum Kapitel „Mein Denken über meine Kunden" ansehen!

# 84.

„Den Kunden kenne ich."

So eine gängige Behauptung aus dem Verkäufermund. Wenn ich dann frage „Wie ist seine aktuelle Situation? Wo drückt ihn der Schuh gerade? Wie hoch ist sein Potenzial? Was sind seine Hobbys?" oder „Wie lang ist er beim Wettbewerb vertraglich gebunden?", dann wird es sehr ruhig. Nein, du kennst ihn nicht, du siehst ihn nur ab und zu und/oder er vegetiert in deinem CRM-System herum. Das ist leider nur allzu oft die traurige Wahrheit.

Wenn ich weiterfrage „Wann hast du mir diesem Kunden das letzte Mal intensiv über seine Situation gesprochen?", dann sind da meist schon ein paar Jahre vergangen. Und falls der Kunde dann doch mal in einer Wiedervorlage auftaucht, geht das Kopfkino los und es werden Argumente gesucht, um jetzt bloß nicht zum Hörer greifen zu müssen. Und da im Normalfall niemand da ist, der den Gegenbeweis – dass es sinnvoll wäre, den Kunden anzurufen – antreten könnte, bleibt der Kunde ohne Betreuung. So wird der Kunde im System auf einen fiktiven Termin in der Zukunft geschoben und der Datenfriedhof ist um eine Leiche reicher. Das ist aktive Wettbewerbsunterstützung und sollte mit Provisionsabzug geahndet werden!

Also beschäftige dich mit deinen Kunden (natürlich gilt dies auch für Interessenten), sprich mit ihnen und klassifiziere deine Kontakte. Dabei gilt ein Prinzip: Glauben ist nicht wissen! Wenn du dir nicht sicher bist, greif zum Hörer und rufe an!

Alternativer Glaubenssatz:

**„Ich lerne meinen Kunden mit jedem Kontakt besser kennen."**

# 85.

## „Meine Kunden sind der Markt."

Viele Verkäufer meinen, sie wüssten, wie der Markt tickt, weil sie ihre Kunden kennen. Damit limitieren sie sich jedoch selbst. Denn ja, es ist durchaus möglich, dass sie ihre Kunden gut kennen, aber das heißt noch lange nicht, dass sie auch über ihre „Nicht-Kunden" Bescheid wüssten.

In manchen Branchen nimmt der Vertrieb dadurch gar inzestuöse Züge an. Zum Beispiel im Automobilvertrieb. Jede Marke hat ihre kleine Marktanteilswelt. Aber vielleicht verpasst ein Autofahrer sein wahres Autofahrerleben, weil er nie von einem Verkäufer einer anderen Marke angesprochen wurde, die eigentlich viel besser zu ihm passen würde. Und so sieht man auf jeder Veranstaltung im Autohaus dieselben Nasen.

Ja, jetzt kommt das böse „A"-Wort: Akquise. Frage dich doch mal: Wie hoch ist mein Marktanteil?' Oder besser noch: Wie hoch ist mein „Nicht-Marktanteil? Deine „Nicht-Kunden" sind dein Wachstumspotenzial. Lerne diese Menschen kennen, und du wirst mehr verkaufen.

Alternativer Glaubenssatz:

**„Ich lerne meine Nicht-Kunden kennen!"**

# 86.

## „Meine Kunden sind zufrieden."

„Zufrieden" ist einfach zu wenig. Kunden wollen begeistert werden. Die meisten Kunden klagen nicht, wenn sie unzufrieden sind, sondern wechseln stattdessen einfach den Anbieter. Wenn dich jemand fragt: „Und, wie läuft es zu Hause in deiner Beziehung?" Antwortest du dann: „Bin zufrieden"? Das ist Beziehungsstatus „Offen für neue Angebote!" Begeisterung und Liebe hören sich anders an.

Kunden zu Fans zu machen ist nicht leicht, aber alternativlos, wenn dein Angebot kein absolutes Alleinstellungsmerkmal im Markt besitzt. Also, frage deine Kunden, was du noch besser machen kannst. Bitte nach jedem Verkaufsgespräch um Feedback. Das ist nicht nur wertschätzend für deine Kunden, nein, du bekommst wertvolle Hinweise darauf, was andere anders machen und wo du noch besser werden kannst.

Zufriedenheit ist ja oft auch Erwartungsmanagement. Also halte dich an das Motto: „Underpromise and overdeliver", was frei übersetzt bedeutet: „Versprich weniger und liefere mehr!" Punkte nicht nur mit sauberen Prozessen, sondern vor allem mit Kleinigkeiten, die positiv überraschen.

Ich sage bewusst Kleinigkeiten, denn sie reichen oft schon aus und bedeuten in einer (Kunden-)Beziehung nicht viel, sie bedeuten ALLES. Kaffee aus der 20 Jahre alten, verkalkten Pumpkanne oder ein Cappuccino aus frisch gemahlenen Bohnen? Wenn ich manchmal überlege, welche Auswirkungen kleine Dinge haben, glaube ich, dass es gar keine kleinen Dinge gibt!

Alternativer Glaubenssatz:

## „Begeisterung verkauft!"

# 87.

„Den Kunden kriege ich noch gedreht."

Top-Verkäufer verbeißen sich nicht in jeden Interessenten. Das Aschenputtel ist ihr Vorbild: Die guten ins Töpfchen, die schlechten ins Kröpfchen. Zugegeben, Top-Verkäufern können sich diesen Luxus leisten, denn sie haben einfach mehr Kontakt mit der Zielgruppe und deshalb auch mehr Verkaufschancen als der Durchschnittsverkäufer.

Der mittelmäßige Verkäufer hat in der Regel zu wenige Interessenten, und deshalb würde es ihm beinahe körperliche Schmerzen bereiten, einen Kunden loszulassen. Und so beginnt ein Krampf an Einwänden, Rabatten und Wiedervorlagen, die den Flow des Verkäufers endgültig versiegen lassen. Das Ergebnis ist ein frustrierter Verkäufer mit einem verstopften Verkaufstrichter. Dicke Angebotsordner voll mit Angeboten, die längst überfällig sind, sind das sichtbare Zeichen im Büro.

Natürlich ist die „HHH-Formel" (höfliche Hartnäckigkeit hilft) ein Erfolgsprinzip im Verkauf. Aber mein Klempner sagt immer: „Nach fest kommt ab." Um herauszufinden, wann du einen Kunden loslassen solltest, setze Vorabschlusstechniken ein, reflektiere und entscheide klug, wo sich dein Aufwand lohnt. Und vor allem: Etabliere einen Prozess, der dir permanent neue Interessenten bringt.

Alternativer Glaubenssatz:

## „Wer loslässt, hat die Hände frei, um Neues anzupacken."

# 88.

„Die Kunden sind nicht mehr loyal!"

Kunden sind heute informierter, Leistungen und Preise sind transparenter. Der Wettbewerb kann heute seine Werbung im Internet und in den sozialen Medien auf den Zielkunden zuschneiden und den individuellen Werbeerfolg messen. Darüber hinaus ist es heutzutage für Kunden viel einfacher, mit anderen Anbietern in Kontakt zu treten.

Aber sind Kunden heute deshalb automatisch weniger loyal? Wissen Kunden deshalb heute keine erstklassige Betreuung zu schätzen? Nein, unzufriedene Kunden können heute nur einfacher wechseln. Ein großer Teil der Kunden, die den Anbieter wechseln, gibt als Hauptgrund mangelnde Betreuung durch den derzeitigen Lieferanten und Verkäufer an.

Also mache deine Kunden glücklich und du wirst loyale Fan-Kunden haben. Loyalität entsteht dadurch, dass Kundenerwartungen übertroffen werden. Greif doch öfter mal zum Telefon und rufe deine Bestandskunden an. Mache einen „Kuschel-Call" ohne vordergründige Verkaufsabsicht à la „Herr/Frau … ich habe gerade an Sie gedacht." Oder frage einfach mal den Kunden nach seinen Erwartungen an die Zusammenarbeit und bitte ihn um Feedback.

Und übrigens: Unzufriedene Wettbewerbskunden sind deine Akquise-Chance!

Alternativer Glaubenssatz:

## „Glückliche Kunden sind loyale Kunden."

# 89.

„Der meldet sich schon."

Von allein passiert im Verkauf meist gar nichts (Gutes)! „Hier meine Karte, melden Sie sich einfach, wenn Ihr Vertrag ausläuft." So funktioniert das leider nicht. Bleibe dran, behalte die Fäden in der Hand. Deine potenziellen Kunden haben Tausende Dinge um die Ohren und vergessen deine Visitenkarte garantiert wieder.

Nicht dranbleiben oder Angebote nicht nachfassen gehört zu den größten Umsatz-Vernichtern, die ich kenne. Da wird ein Riesenaufwand betrieben, um den Kunden zu akquirieren, ihn bis zum Kaufzeitpunkt zu betreuen. Dann sagt der Kunde: „Ja, ich will!", bekommt sein Angebot und dann, dann kommt nichts mehr! Der Ball liegt jetzt ja beim Kunden.

Der CTA, der Call-to-Action, also die Aufforderung, ja die Hilfe, eine Entscheidung zu treffen, ist einer der größten Hebel für mehr Verkäufe. Im Kunden kämpft jetzt vielleicht „Geld behalten", gegen „Ware bekommen". Manche Kunden benötigen hier auch noch einen motivierenden Schubs, damit sie endgültig kaufen. Andere Kunden haben prinzipiell Angst vor Entscheidungen – weil sie befürchten, sie könnten Fehler machen. Kunden in diesem Ringen nicht zu unterstützen, ist unterlassene Hilfeleistung.

Die Frage nach dem richtigen Zeitpunkt ist schnell beantwortet: Frage deinen Kunden, wann er deine Lösung einsetzen möchte und wie sein Entscheidungsprozess aussieht.

Unsere Bestandskunden sind die Potenzialkunden der Konkurrenz und werden deshalb vom Wettbewerb akquiriert!

Alternativer Glaubenssatz:

## „Ich bleibe dran und fasse nach."

# 90.

## „Ich weiß, was meine Kunden wollen."

Gerade bei Verkäufern, die schon lange in derselben Firma dasselbe Produkt am selben Schreibtisch verkaufen, tritt das Phänomen des „Kundenhellsehers" auf. Kunde gesehen – Schublade auf – Kunde rein – und da kommt er auch nicht mehr lebend raus. Und deshalb brauchen man die Kunden auch nicht zu fragen.

Weißt du als Kunde immer genau, was du beim Einkaufen willst? Bei Lebensmitteln wahrscheinlich ja. Aber bei Autos, Versicherungen oder Einrichtungsgegenständen? Da wünschst du dir vermutlich wie die meisten Kunden einen „Einkaufsberater".

Und im oft komplexen B2B-Geschäft. Hier haben die Entscheider häufig gar nicht die Zeit und Kompetenz, um allein die beste Wahl zu treffen, warum die in der Anschaffung etwas teurere Maschine für ihn mittel- und langfristig die günstigere ist – beispielsweise, weil sie sehr wartungsarm ist, weniger Ausschuss produziert oder die Ersatzteile preiswerter sind.

Also besser als für den Kunden zu denken ist es, mit dem Kunden zu denken. Es ist doch besser, professionell und sympathisch auf Basis einer Analyse Produkte anzubieten, als Mutmaßungen und Verdächtigungen über dessen Situation anzustellen. Wenn der Kunde nach einem Gespräch mit dir für sich neue und relevante Aspekte erkennt, eine andere Perspektive auf seine Situation oder seinen Bedarf hat, oder er einfach nur ein „gutes" Gespräch hatte, ist Umsatz meist die logische Konsequenz.

Alternativer Glaubenssatz:

## „Kundenexpertise schlägt Produktexpertise."

## 91.

„Kunden, die reklamieren, denen kann man nichts verkaufen."

„…und das entscheide ich als Verkäufer für den Kunden, basta!" Gerade im Service erlebe ich diesen Glaubenssatz immer wieder. „Der Kunde hat ja gerade ein Problem, ist unzufrieden mit uns, und jetzt soll ich ihm auch noch etwas verkaufen?" Da klingt Verkaufen wie eine Bestrafung.

Stiftet dein Produkt oder deine Dienstleistung für den Kunden einen Vorteil, bringt es ihm einen Nutzen? Wenn ja, dann macht es doch Sinn, es ihm anzubieten. Sonst hat dein Kunde doch doppelten Schaden. Einerseits hat er eine Reklamation und andererseits wird ihm der Nutzen deines Angebots noch vorenthalten.

Dein Kunde entscheidet doch selbst, ob er kauft oder nicht. Du solltest ihm aber die Chance dazu geben. Also: Erstanliegen aufnehmen, idealerweise klären und dann, wie Columbo nachhaken: „Ach, wo ich gerade mit Ihnen spreche, wie …?"

Alternativer Glaubenssatz:

## „Jedes Gespräch ist eine Chance."

# 92.

„Der Kunde kauft sowieso nicht."

Diese Frage stelle ich in solchen Fällen gern: „Bist du dir 1000-prozentig sicher? Dann mache ihm kein Angebot." Allerdings können mir die wenigsten Verkäufer diese Aussage unterschreiben. Das Problem ist, dass dein negativer Gedanke sich in deinem Verhalten und in deiner Sprache widerspiegelt und mit hoher Wahrscheinlichkeit für ein negatives Ergebnis für alle Beteiligten sorgt. „Wer mit Zweifeln ins Rennen geht, am Ende als Verlierer steht." Die selbsterfüllende Prophezeiung lässt grüßen.

„Der hat noch nie bei uns gekauft!" oder „Bei Konzernen habe ich immer Pech!" Wenn diese Sätze von dir stammen könnten, dann versuche du als Verkäufer doch beim nächsten Mal, etwas anders zu machen als die letzten Male. Schüttle deine Opferrolle ab!

Ich bin mal im Coaching mit einem Verkäufer zu einem Kunden gefahren, um ein großes Angebot abzugeben. Bei den letzten vier Ausschreibungen ging der Verkäufer leider leer aus. Wir sind dann zum Supermarkt gefahren, haben einen Blumenstrauß, eine Flasche Rotkäppchen-Sekt und ein paar Stück Kuchen gekauft. Beim Kunden haben wir die Opferrolle abgeschüttelt und das Gespräch mit folgenden Worten eröffnet. „Vielen Dank, dass wir heute zum fünften Mal ein Angebot abgeben dürfen. Bei den letzten vier Malen bekamen wir leider keinen Auftrag. Das wird dieses Mal ja höchstwahrscheinlich wieder so sein, aber das fünfte Mal ein Angebot abzugeben, dieses kleine Jubiläum wollten wir wenigstes kurz mit Ihnen feiern!"

Alternativer Glaubenssatz:

## „Kunden kaufen – immer!"

# 93.

## „Ich behandle alle Kunden gleich."

Damit alle Kunden gleich sind, müssten alle Menschen gleich sein. Zwar sagt unser Grundgesetz in Artikel 3, dass alle Menschen vor dem Gesetz gleich und deshalb auch gleich zu behandeln seien – für den Vertrieb gilt das aber nicht.

Verkäufer haben Leads oder Kunden mit unterschiedlichem Wert. Nicht als Menschen, aber als Kunden. Manche Kunden machen mehr Umsatz oder Gewinn, andere haben für dich mehr Umsatzpotenzial, und wieder andere sind durch ihre Reputation im Markt bedeutende Referenzkunden.

Deshalb macht eine Kundenklassifizierung Sinn. Denn den verschiedenen Kundenklassen solltest du als Verkäufer eine unterschiedliche Art der Betreuung zukommen lassen. A-Kunden sind keine besseren Menschen, sondern wertigere Kunden. Allen das Gleiche ist nicht Gerechtigkeit, sondern Gleichmacherei. Das ist uneffektiv und führt zu Frust auf allen Seiten.

Also erfrage das Potenzial deiner Kunden und konzentriere dich in deiner knapp bemessenen Zeit auf die richtigen, zum Beispiel die potenzialstarken Kunden. Denn das Potenzial ist der Boden, auf dem die Umsatzblume wächst!

Alternativer Glaubenssatz:

## „Mein Fokus folgt dem (Umsatz-) Potenzial."

# 94.

## „Der Kunde gehört mir."

Wem gehört der Kunde eigentlich? Dem Verkäufer selbst oder der Firma, bei der der Verkäufer arbeitet? Die Frage, die dahintersteht ist ja: „Bekomme ich meine Provision nur für Verkaufsabschlüsse oder auch dafür, dass ich die Firma repräsentiere, den Markt bearbeite, die Informationen über den Kunden im CRM-System pflege usw.?"

Diese Frage wird in vielen Vertriebsmannschaften viel zu selten geklärt. Ich bin der Überzeugung, dass die Kunden der Firma gehören, und dass nicht nur für nackte Abschlüsse, sondern auch für die Marktbearbeitung Provisionen fließen sollten. Klar, wenn ein Top-Verkäufer zum Wettbewerb wechselt, folgen ihm einige Kunden – aber gehören sie ihm deshalb? Wenn ein Verkäufer in Rente geht, gehen dann seine Kunden auch in den Ruhestand?

Das Herrschaftswissen um den Kunden mit der Ausrede „Ich bin doch keine Tippse" nicht ins CRM-System einzutragen, ist grob fahrlässig, und zwar für den Verkäufer und für die Firma. Für den Verkäufer, wenn er denkt: „Ich habe ja meinen schwarzen Kalender, da stehen alle Termine drin. Die restlichen Informationen zum Kunden habe ich im Kopf." Und dort werden sie dann gerne vergessen. Und was passiert, falls der geliebte Kalender mal verloren geht?

Für die Firma ist es grob fahrlässig, da sie sich vom Verkäufer abhängig und erpressbar macht, weil der abtrünnige Verkäufer mitsamt den Kundendaten, die nicht im CRM-System eingetragen sind, zum Wettbewerb wechseln und die Kundendaten einfach mitnehmen kann.

Alternativer Glaubenssatz:

## „Informationen sind das Gold im Verkauf."

# 95.

## „Das ist nur ein Testkäufer."

Die meisten Verkäufer verachten Testkäufer zutiefst. Es ist schade und unsinnig, wenn du so denken solltest. Es tauchen ja nicht zehn Testkäufer in der Woche auf und halten dich von der Arbeit ab. Nein, ab und zu kann es vorkommen, dass einer gerade dich besucht. Glückwunsch dazu!

Gerade, wenn du das Gefühl hast, ein Testkäufer sitze vor dir, gibst du doch am besten Vollgas! Hier und jetzt hast du die Chance, der Welt zu zeigen, was du draufhast. Danach gehst du zu deinem Chef, berichtest von dieser epochalen Sternstunde der Kundenorientierung und Verkaufsgesprächsführung, die neue Maßstäbe für die Branche setzen wird, und lässt dich zum Essen einladen.

Und du freust dich schon auf die Auswertung, die dich in den Verkäuferolymp heben wird, und darauf, das Testergebnis in den sozialen Netzwerken auszuschlachten.

Alternativer Glaubenssatz:

**„Testkäufer sind meine Chance zu zeigen, was ich kann."**

# 96.

„Der Kunde ist König."

Und du sein Diener, Hofnarr und Depp in einer Person!? Diese Definition der Kunden-Verkäufer-Beziehung halte ich für überholt und falsch. Kunden wollen heute keine speichelleckenden Schleimer, sondern einen Partner auf Augenhöhe. Denn nur ihnen trauen sie das Lösen ihrer Probleme und das Erfüllen ihrer Wünsche zu.

Allerdings solltest du als Verkäufer einiges tun, um vom Kunden auch so gesehen zu werden. Ich frage Verkäufer gern in meinen Veranstaltungen: „Wäre ein Kunde bereit, für einen Termin mit dir zu bezahlen?" Das soll der Kunde natürlich nicht tun, die Frage, die dahintersteckt, ist: Welchen Mehrwert stiftest du als Verkäufer mit deinem Besuch? Verkäufer, die eine Antwort auf diese Frage haben, werden nicht als Diener, sondern als Partner gesehen.

Verkäufern, denen es an einer Antwort auf diese Frage oder an Selbstwert, Markenwert und/oder Preisstolz fehlt, verfallen gern in die Opferrolle und nehmen „Der Kunde ist König" als Entschuldigung für die eigene Minderwertigkeit.

Also nimm den Kunden und seine Bedürfnisse immer in den Fokus deiner Arbeit. Damit erzeugst du eine hohe Portion Respekt, Fairness, Integrität und Ehrlichkeit zwischen der Unternehmens- und der Kundenseite.

Alternativer Glaubenssatz:

## „Der Kunde ist mein Partner."

# 97.

## „Meine Kunden sind Schrott"

Wenn ich in manchen Unternehmen so höre, wie Verkäufer sich dort über die Kunden unterhalten, dann frage ich mich oft, woran das liegt und ob ich da selbst gerne Kunde wäre. Meine Wahrnehmung ist: 98 von 100 Kunden sind schwer in Ordnung. Und die zwei Prozent, die aus der Reihe tanzen, sind als Kind zu heiß gebadet worden oder von der Wickelkommode gefallen. Für diese lautet meine Empfehlung immer: „Ringe nie mit einem Schwein, denn ihr beide werdet dreckig – mit dem Unterschied, dass das Schwein richtig Spaß daran hat." Also: Finger weg, soll sich der Wettbewerb mit diesen Kunden rumärgern.

Übrigens erkennen wir diese Kunden relativ schnell. Aber dann denken wir: „Geld stinkt nicht, so schlimm wird es nicht werden." Wird es aber! Es gibt eine einzige Frage, mit der du dich selbst sehr gut vor diesen „schwierigen Geschäftspartnern" schützen kannst: „Welche Erfahrungen haben Sie bisher mit Verkäufern gesammelt?" Durch die Antwort weißt du schon sehr gut, wie partnerschaftlich der Umgang mit diesem Kunden ist und wo dein Gegenüber die Messlatte für eine „gute" Zusammenarbeit anlegt.

Die Gaußsche Normalverteilung schlägt auch bei deinen Kunden zu. Es gibt wenige Top-Kunden, wenige Schrott-Kunden und eine ganze Menge dazwischen. Also trenne dich von den Kunden, die mehr nerven als nützen und hole dir die Top-Kunden vom Wettbewerb!

Alternativer Glaubenssatz:

## „Ich wähle meine Kunden bewusst."

# 98.

## „Die anderen haben die Traumkunden."

Natürlich sollst du dir deine Traumkunden suchen. Und dabei helfen dir Werkzeuge wie Potenzialkennzahl oder auch nur der Ansatz, dass du Kunden suchst, die mit „wollen, brauchen, können" die drei Kriterien 'guter und lohnenswerter Zielkunden erfüllen.

Ein Aspekt wird dabei nur leider oft übersehen: Traumkunden wollen Traumverkäufer. In der Sozialakquise (mein Begriff für Partnersuche) treffen wir auf dasselbe Dilemma: Alle suchen den Traumpartner, doch keiner will selbst einer werden.

Also werde doch selbst zuerst ein Traumverkäufer, dann wirst du auch Traumkunden anziehen. Überlege oder, noch besser, frage deine Kunden, wie sie sich ihren Traumverkäufer vorstellen. Suche dir Vorbilder, denen du nacheifern kannst. Und die allerbeste Möglichkeit: Gewinne einen als deinen Mentor.

Alternativer Glaubenssatz:

## „Erst Traumpartner werden, dann Traumkunden anziehen."

# 99.

„It's a man's world."

Früher war es vielleicht oft so, aber heute hat „Die Frau wählt die Farbe aus, der Mann kauft!" längst ausgedient. Ja, auch Frauen interessieren sich heute für Geld oder Technik. Nur leider erlebe ich die alten Denkmuster in ihren Abwandlungen immer noch sehr häufig, wenn ich Fragen höre, wie zum Beispiel „Wo ist denn Ihr Chef?" oder „Können Sie das denn allein entscheiden?"

Wenn der Kunde König ist, wer achtet auf die Königin? Lange Zeit haben Männer im Vertrieb das Sagen gehabt. Von Männern für Männer! Aber heute stehen Kundinnen auf eigenen Füßen und haben ihren eigenen Kopf. Eine verpasste Change für die Ewiggestrigen.

Nicht nur, dass diese diskriminierende Art einfach komplett daneben ist. Wenn du so denkst, verprellst du die Hälfte deiner Zielgruppe, und das kann nicht im Sinne von Umsatzorientierung sein. Trotzdem hängen noch viele Verkäufer in diesem Schubladendenken fest. Und die finanzielle Macht der weiblichen Zielgruppe wächst rasant.

Ich stelle mir manchmal vor, wie das Spiel umgekehrt wäre: Eine Verkäuferin würde zu einem Mann sagen: „Wo ist denn Ihre Frau? – Wegen des Bezahlens..."

Alternativer Glaubenssatz:

## „All genders welcome."

# 100.

## „Zufriedene Kunden empfehlen weiter."

Jeder weiß: Persönliche Weiterempfehlungen von Kunden sind das beste und günstigste Akquise- und Marketinginstrument. Denn wenn sich Dritte gegenüber potenziellen Kunden positiv über dich und die Leistungen deines Unternehmens äußern, dann genießen diese einen Vertrauensbonus, der Gold wert ist.

Leider denken viele Verkäufer, zufriedene Kunden würden sie von alleine weiterempfehlen. Manchmal geschieht das, doch in der Regel weit seltener als gedacht. Manche sind mit Empfehlungen eher zögerlich, denn sie wollen sich – insbesondere im B2B-Bereich – einen Vorsprung vor den Personen und Organisationen in ihrem Umfeld bewahren. Andere haben einfach tausend andere Sachen um die Ohren und deine Empfehlungsfrage hat keine Priorität.

Verkaufen heißt ja überzeugen und da steckt das Wort „Zeuge" drin. Also lass noch mehr Kunden deine Leistung bezeugen. Sage den Personen, die du um eine schriftliche Empfehlung, eine Google-Bewertung oder um ein kurzes Video bittest, was du damit tun möchtest. Setzt du sie auf deiner Webseite ein oder nur sehr selektiv im Einzelfall?

Die meisten zufriedenen Kunden würden dich durchaus empfehlen, wenn du sie offen und herzlich darum bittest. Also tu es!

Alternativer Glaubenssatz:

## „Empfehlungen verkaufen!"